你不了解的
真相

——江晓原说科学

江晓原 著

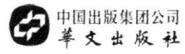

图书在版编目（CIP）数据

你不了解的真相：江晓原说科学 / 江晓原著. ——北京：华文出版社，2019.8
ISBN 978-7-5075-5151-8

Ⅰ．①你… Ⅱ．①江… Ⅲ．①科学知识－普及读物 Ⅳ．①Z228

中国版本图书馆CIP数据核字(2019)第151278号

你不了解的真相——江晓原说科学

作　　者：	江晓原
责任编辑：	张超琪
出版发行：	华文出版社
地　　址：	北京市西城区广外大街305号8区2号楼
邮政编码：	100055
网　　址：	http://www.hwcbs.com.cn
电　　话：	总编室 010-58336239　编辑部 010-63426125
经　　销：	新华书店
印　　刷：	三河市国英印务有限公司
开　　本：	880×1230　1/32
印　　张：	7.25
印　　数：	1—10000
字　　数：	120千字
版　　次：	2019年8月第1版
印　　次：	2019年8月第1次印刷
标准书号：	ISBN 978-7-5075-5151-8
定　　价：	48.00元

版权所有　侵权必究　印装差错　负责调换

华文出版社发行中心联系方式（010）58336267

　　江晓原，上海交通大学讲席教授，科学史与科学文化研究院首任院长。

　　1982年毕业于南京大学天体物理专业，1988年毕业于中国科学院，为中国第一个天文学史专业博士。1994年被中国科学院破格晋升为教授。1999年在上海交通大学创建中国第一个科学史系。已在国内外出版著作约百种，发表学术论文约两百篇，并长期在京沪报刊开设个人专栏，发表大量书评、影评及文化评论。学术思想在国内外受到高度评价并引起广泛反响，新华社曾三次为他播发全球通稿。

目录

为什么我们已经需要反思科学（代序）   001

〔第一讲〕 **科学等于正确吗**   001
  什么是"科学事实"   004
  科学描述外部世界的图像一直在改变   008
  霍金关于外部世界真实性问题的思考   010
  科学共同体的态度   014
  同意"科学不等于正确"的理论后果   017

〔第二讲〕 **科学是双刃剑吗**   021
  科学共同体不喜欢"双刃剑"的说法   023

"双刃剑"在理论上导致的严重后果　　025

科学技术中有恶吗　　029

萨哈罗夫和海军少将的故事　　033

科学就是厨房里的切菜刀　　036

〔第三讲〕 **全球变暖：科学的局限性**　　039

"全球变暖"议题包括三个问题　　041

科学在这三个问题上的局限性　　043

著名的"曲棍球杆曲线"之学术造假　　047

环保、减排背后的政治经济博弈　　053

〔第四讲〕 **转基因主粮**　　059

区分"推广转基因主粮"和"研究转基因技术"　　061

在中国推广转基因主粮的理由是什么　　064

转基因作物到底有没有优越性　　066

转基因主粮的商业化及其背后的利益争夺　　071

围绕转基因主粮的争论，首先不是科学问题　　076

目 录

〔第五讲〕 **核 电** 　　　　　　　　　　　079

　核电安全、清洁、高效吗　　　　　　081

　核电的安全问题：核废料的存放　　　083

　核电的安全成本　　　　　　　　　　088

　平井宪夫遗著中揭示的问题　　　　　090

　核电选址的约束　　　　　　　　　　094

　核电的必要性争议案例：台湾地区的"核四"争议　096

　对待核电的正确态度　　　　　　　　100

〔第六讲〕 **基因技术的危险前景**　　　　101

　基因技术的伦理风险之一：基因歧视　104

　基因歧视：基因技术对社会公平的威胁　108

　最重大的隐私，连你自己都不敢窥看　113

　《关于科学理念的宣言》　　　　　　117

〔第七讲〕 **互联网新媒体批判**　　　　　119

　区分两种类型的互联网　　　　　　　121

　网民成分的剧烈演变制约着互联网　　122

互联网新媒体上，低俗的内容淹没了高雅的内容　125

如何理解互联网自媒体的表达权利　130

互联网对你时间和注意力的侵夺　133

我抵抗互联网的生活　134

〔第八讲〕 **科学只是工具，不是目的**　141

对"无限发展"观念的质疑　144

考虑慢下来的可能性　147

"小富即安"和持续发展　149

乔布斯给了我们"毒苹果"　151

大家都处在被劫持的状态中　155

〔第九讲〕 **科学已经告别纯真年代**　159

纯真年代的科学是不爱钱的　161

向科学要生产力，就无法不让科学爱钱　165

火星移民：一个科学爱钱的例子　168

引力波发现中的科学社会学　171

如何认识当下的科学争议　176

目 录

〔第十讲〕 **人工智能与人类文明** 179

近期威胁 182

中期威胁 185

远期威胁 192

芯片植入·记忆植入·人机结合 195

科学应不应该有禁区 197

〔第十一讲〕 **警惕科学** 199

科学和资本结合的例子：牛奶和钼靶检测 202

科学不良后果不可逆的例子：农药 206

会出现"愚蠢的一代"吗 210

被劫持的困境 213

为什么我们已经需要反思科学
（代序）

对于"反思科学"这个提法，今天有不少人接受起来还是会有顾虑。

比如，一个常见的顾虑是：我们中国科学技术还不够发达，现在就反思科学，会不会太早了点？会不会妨碍我们的科学发展？

其实，是不是需要反思科学，在绝大多数情况下，与科学技术是否发达并无关系。除非是在还不存在科学技术的上古时代，那时确实不需要、也没有条件反思科学。

世间有了科学技术之后，反思科学与科学技术之间的关系，就有点像保护环境与科学技术之间的关系——即使在科学技术不够发达的情况下,也应该尽可能地去保护环境。如果在发展时不保护环境,等环境被破坏了再后悔、再治理就来不及了。因为在很多情况下,环境的破坏是不可逆的。不反思科学和不保护环境,至少在某种意义上,还真有相通之处。

保护环境,当然并不意味着妨碍科学技术的发展;同样的道理,反思科学,也并不意味着妨碍科学技术的发展。

我们甚至完全有理由认为,反思科学,只会有助于科学技术更加健康地发展,更好地为人类的福祉作出贡献,而不是相反。如果科学共同体能够更深刻地反思自己,更自觉地抵制资本的不合理要求,更主动地接受伦理和法律的制约,而不是在"科学高于一切""科学无禁区"之类的口号下盲目发展,不断触碰伦理道德的红线,科学必将得到公众更多的爱戴和支持,这显然就更有利于科学技术的发展。

所以我们现在就需要反思科学。

事实上,我们早就需要反思科学了,但在很长时间里,这个需要一直没有得到充分的满足。

本书主要依据我数年前做的一组讲座的录音修订而成。成书时更新了部分内容,并补充了一些相关的材料和线索。

本书是一本面向公众的理论普及读物,虽然讨论的主题具有相当的理论高度,但阅读本书并不需要任何专业的前置知识。

江晓原
2019 年 5 月 30 日

于上海交通大学科学史与科学文化研究院

〔第一讲〕

科学等于正确吗

我们是通过一套科学理论来描绘这个外部世界的。由于科学理论本身不断在发展，所以我们对这个外部世界的描绘，实际上一直是在改变的。既然一直是在改变的，我们也就没有理由说现在我们描述的东西就是事实。

第一讲　科学等于正确吗

1

科学等于正确吗？很多人可能会想：这是问题吗？这根本就不成问题嘛。在很多人的脑子里，科学就等于正确。事实上我们日常说话的时候，也经常把科学当作一个修饰语来使用。比方说，我们说这个东西"设计得很科学"，或者说你的"这个想法很科学"，等等。

当我们这样使用"科学"这个词的时候，当然意味着它是正确的，是合理的。所以很多人觉得科学当然等于正确。但是这一讲我们要说明的就是，这不仅是个问题，而且这个问题的答案恰恰是否定的，也就是说——科学不等于正确。

什么是"科学事实"

要认识到这一点，实际上非常容易，只不过我们平时一般不习惯往这个角度去想。我们只需要从科学发展的历史这方面去看，就会知道"科学等于正确吗"这个问题的正确答案就是：科学不等于正确。科学不等于正确可以包含这样两层意思：一层是说有一些被我们称为科学的东西，其实并不正确。另一层是说，还有一些我们都确认正确的东西，其实不是科学。

先说后面的。这个比较简单，有很多东西不是科学。比如说，我们日常生活中见到的正确的废话，它们就不是科学。"今天晚上可能下雨也可能不下雨"，这样的话肯定是不会错的，但这是正确的废话，没有人会认为这是科学的内容。所以有一些正确的东西不是科学，这容易理解。

但是被我们称为科学的东西，为什么也会是不正确的呢？这其实很简单，因为科学一直在发展，在我们从小受到的教育中，对于科学一直在发展这一点，其实从来就没有异议，我们都同意是这样的。

第一讲 科学等于正确吗

但是很多人没有想过的是,如果你同意科学一直在发展,这意味着什么?

科学在发展,这就意味着我们总是要用新的结论去取代旧的结论。

而平常我们习惯说的一个词汇,叫作"科学事实"。你们看到科学家与他人争论的时候经常会说:"这是科学事实。"但究竟什么是"科学事实"呢?就是科学共同体此刻所接受的理论,我们认为这是"科学事实"。

我们以前一直是这样理解这件事情的——一个科学事实就是对外部世界的正确描述。

因为我们相信有一个客观的外部世界,这个外部世界是客观存在的,是不以人的意志为转移的,它是有规律的。科学就是揭示这种外部世界的规律。

在这样的认知图像中,这个外部世界的规律,和你是不是去揭示它是没有关系的。

也就是说,你没揭示它的时候,这个规律也是存在的。你揭示它,它还是这个规律,只不过原来你不知道,现在你知道了而已。当你这么想的时候,你很容易就相信科学就是等于正确的,因为外部世界的规律,科学家给我们揭示出来了。

但这时候你就要想一想，科学不是在不断发展吗？在这个发展的过程中，科学家对外部世界的规律的描述不是一直在改变吗？科学家嘴里说的"科学事实"，这个所谓的"事实"本身不就是一直在改变吗？

一百年前的科学家对你说的"科学事实"，和今天的科学家对你说的"科学事实"，不是相同的东西。而且理性也告诉你，明天科学家可能告诉你新的"科学事实"。

既然科学家告诉你的外部世界的图像一直是在改变的，那么你又怎么能相信此刻他告诉你的就是正确的呢？

实际上，从事科学理论研究的人如果自己稍微有点哲学思考的话，他的哲学思考肯定会告诉他，此刻我们所接受的那个理论，只是到目前为止我们能找到的相对来说最好的一个理论。但是，这个理论是不是反映了外部世界的客观规律呢？这是我们不确定、不知道的。

也就是说，我们现在姑且可以用这个理论来描述这个外部世界，但是我们可以不断发现新的"科学事实"，不断改变我们的理论。

当我们发现更多、更新的东西的时候，我们就要换一种理论来描述这个世界。

第一讲 科学等于正确吗

在科学的发展进程中有很多这样的例子。

比如说在托勒密▼的时代,他描述的外部世界是地球在宇宙的中心,太阳绕着地球转。到了哥白尼▼的时候,他说可以换一个图像,可以理解为太阳在中心,地球绕着转。那么托勒密的学说是不是科学呢?很多人说他不是科学,因为他不正确,哥白尼的学说是正确的,他是科学的。其实我们现在知道,哥白尼的学说也不正确,他所描绘的宇宙图像也不是真实的。再后来开普勒给我们描绘的宇宙图像跟哥白尼就是不一样的,因为在那个图像里,太阳就没有在地球轨道的中心,它只是在轨道两个焦点中的一个。再往后,天体力学又给我们描绘的图像,也不是开普勒的行星运动三定律▼。

▼

克罗狄斯·托勒密(约90—168),古希腊天文学家、地理学家、占星学家和光学家。

▼

尼古拉·哥白尼(1473—1543),波兰天文学家、数学家、教会法博士、牧师。

▼

开普勒的行星运动三定律具体内容为:1. 行星沿椭圆轨道运动,而太阳位于椭圆轨道两个焦点之一。2. 太阳系中太阳和运动中的行星的连线(矢径)在相等的时间内扫过相等的面积。3. 绕以太阳为焦点的椭圆轨道运行的所有行星,其椭圆轨道半长轴的立方与周期的平方之比是一个常量。$\frac{a^3}{T^2}=r, r=\frac{GM}{4\pi^2}$,a 是行星公转轨道半长轴,T 是行星公转周期,r 是常数,其大小只与中心天体的质量有关。

科学描述外部世界的图像一直在改变

图像一直在改变,为什么你就不愿意说哥白尼不是科学呢?因为你从小受到的教育告诉你他是科学伟人,所以他说的一定是科学。那么现在我们都知道,他说的东西并不完全正确啊,为什么他说的东西并不正确我们还同意它是科学呢?

那是因为我们是这样来判断一个东西是不是科学的:所谓科学是这样一种活动,它先收集观测到的事实,然后建立一个模型来说明这些事实,同时这个模型尽量要能够用数学工具描述。通过这种数学工具的描述,这个模型不仅能说明已经知道的现象,还能演绎出一些新的现象,能对新的现象做出预言。这种新的现象的预言是可以检验的,你可以通过观测或者实验去检验它。如果检验下来果然和它的预言符合,那么我们就说这个模型是成功的,那么科学共同体会同意说:"好,现在我们就用这个模型。"所以我们现在宣布,现在的"科学事实"就是这个模型所描述的。根据这个原则,你就知道托勒密也好,哥白尼也好,开普勒也好,牛顿、拉普拉斯等一直到爱因斯坦,大家做的事情是一样的,规则也都是一样

第一讲 科学等于正确吗

的。所以这样的活动我们称之为科学活动。在这个活动中得出来的结论确实一代一代不一样。

那么现在就产生问题了,既然你说从哥白尼开始一路下来都是不正确的,因为后来我们都用新的理论和结论修正过,那么现在的科学共同体所接受的那个理论是不是正确的呢?这个我们只能说,此刻科学共同体是同意我们用这个理论来描述我们外部世界的,但是我们随时都准备接受一个新的理论。所谓科学不断发展,不就是这个意思吗?就是不断要接受新的理论嘛。你一旦接受新的理论,旧的理论就会被你抛弃,这个抛弃的理论你就说它是不正确的。

所以现在就面临这个问题:你同不同意科学不等于正确?如果还想坚持科学就等于正确,你只有一个出路,那就是把所有不正确的结论都从科学殿堂里清扫出去。那么现在开普勒也不正确,哥白尼也不正确,甚至牛顿也不正确,他们的理论都不是科学理论,这样的话确实也和你从小受到的教育相违背。因为那些教育告诉你这些都是伟大的科学家,他们怎么能从科学殿堂里清扫出去呢?

而且你这么做的结果是,科学就没有历史了,科学自身的历史就会被你清扫干净,只剩下此刻还在用的那个理论。而且这个理论保不定明天就会被清扫出去。所以如果坚持要让科学等于正确的话,就会摧毁整个科学的历史。这个给我们带来理论上的困扰,远远要大于你承认科学不等于正确。你一旦承认了,理论上就没困难了。哥白尼学说是科学,托勒密学说是科学,开普勒学说、牛顿学说也是科学,拉普拉斯学说,都是科学。只不过在这个殿堂里以后还不断有新的放进来而已。这样科学保住了它自身的历史,但这么做的结果代价就是——你必须同意科学不等于正确。

霍金关于外部世界真实性问题的思考

关于外部世界真实性这个问题,霍金(Stephen Hawking)晚年有所思考。

他在《大设计》(*The Grand Design*,2010)第三章里特别强调了这一点。这一章实际上可以说是《大设计》最

▼ 斯蒂芬·霍金(1942—2018),英国剑桥大学教授,物理学家、宇宙学家。

▼《大设计》(*The Grand Design*)是霍金在《时间简史》之后的最重要的著作,凝结了霍金20多年来对科学和哲学的思考成果。

第一讲 科学等于正确吗

有价值的一章。霍金在这一章里就是要讨论我们今天所宣称的那些"科学事实"、到底和外部世界之间是一种什么关系。

霍金是这样讨论问题的：他先设想了一个思想实验，他说让我们想象有一缸金鱼，它们一直生活在鱼缸里不能出来。现在在这缸金鱼中出现了物理学家，它们决定发展自己的物理学。它们采取了和我们人类发展物理学完全一样的规则——它们收集观测事实，然后构造了一个理论，这个理论有数学工具描述，可以预言新的事实等。

然后他说，我们可以肯定的是，金鱼们造出来的物理学一定和我们人类不一样。为什么不一样呢？因为金鱼只能通过鱼缸来观测外部世界。我们知道，在鱼缸里观测外部世界当然会有折射等。所以金鱼观测到的外部世界，和我们人类观测到的肯定是不一样的。既然观测到的事实不一样，那么它所建构的理论、公式等肯定也是不一样的。

霍金提出的问题是：你觉得金鱼们的物理学和我们人类的物理学，哪个是正确的？

没有思考过这个问题的人一定会回答：当然我们人类是正确的，因为我们观测到的事实是准确的嘛！金鱼们是透过一些至少带着折射等的障碍才观测到的世界，所以它观测到的参数就是不准确的，它的理论当然不可能正确。

但是霍金告诉我们，这两个理论：人类的理论和金鱼的理论，其实是平权的。或者说在描述外部世界这件事上，它们是有同等的权利和资格的。因为都在它们力所能及的范围内，正确地描述了它们的外部世界。所以没有理由说金鱼的物理学就是错的，站在金鱼的立场上，它是正确的。你只需要把我们人类在地球上所能观测到的世界，想象成只是在一个更大的金鱼缸里而已。为什么你这个大一点的鱼缸里的东西就可以比那个小一点的鱼缸里的东西有更高的地位呢？实际上这两者的地位确实是一样的。

霍金设想的这个思想实验，用意是什么呢？他的用意就是要强调：外部世界到底是什么样子的，其实我们并不能直接地掌握它，我们是通过图像来掌握它的。霍金所说的图像，就是我们平常习惯说的科学理论。

我们是通过一套科学理论来描绘这个外部世界的。由于科学理论本身不断在发展，所以我们对这个外部世界的描绘，实际上一直是在改变的。既然一直是在改变的，我们也就没有理由说现在我们描述的东西就是事实。

所以霍金最后的结论是，他同意一种叫作"依赖于图像的实在论" ▼。

我们知道"实在论"这个词汇在哲学上的意思就是，确信有一个客观的外部世界。这个外部世界是不以人的意志为转移的，和我们认不认识它没关系。不认识它这个外部世界是这样，认识了它还是这样。这样的哲学信念通常被称为实在论。

而霍金现在自己在哲学上站队，并没有站在实在论一边。他所说的"依赖于图像的实在论"前面这个"依赖于图像"的限定条件放上去以后，实际上就背离了最朴素的实在论的立场。也就是说，我们现在只能通过我们的图像来理解外部世界。

而图像是哪里来的呢？图像是科学家建构出来的。科学家根据以往的观测事实建构了他的模型，这就是外部世界的图像。由于科学家已经为我们建构过很多不同的外部世界的图像了，所以我们仅依靠最朴素的归纳法，也会知道科学家们今后还会

▼
依赖于图像的实在论（model-dependent realism），对此霍金有非常明确的概述："一个物理理论和世界图像是一个模型（通常具有数学性质），以及一组将这个模型的元素和观测连接的规则。"霍金对他所提出的"依赖于图像的实在论"非常重视，视之为"一个用以解释现代科学的框架"。

给我们建构更多的新图像。除非你相信科学不再发展了，科学到了今天就停止了，从此以后科学不再提供新图像了，那现有的图像才可能是终极真理。但没有人会同意这一点，科学家自己也不会同意。

既然科学家们相信科学还要继续发展下去，那么当然图像就要不断更新下去，图像不断更新下去，科学就不会等于正确。所以现在我们可以有把握的是：当科学家们说这是"科学事实"的时候，其实只是说，现在的科学共同体基本同意用这个图像来描述外部世界。对我们一般人来说，如果我们自己没有参与科学前沿的研究工作，即没有参与外部世界图像的建构，我们肯定会采纳科学家的结论。那么科学共同体此刻主流的结论，通常就是我们采用的结论。

科学共同体的态度

这里还有一个细节也要注意到，实际上科学共同体永远不是铁板一块的，科学共同体里什么时候都会有异端的人，有另类的声音，他们会不同意现在主流科学共同体接纳的结论。他们不同意这种结论是因为他们有另外一个图像，他们认为自己

第一讲 科学等于正确吗

的图像更好,他们用这个图像来描绘外部世界,他们觉得大部分人现在用的图像不好,我的图像更好,所以我要用我的图像来描绘外部世界。

这个当然也可以。所以实际上你现在面对的科学共同体并不是铁板一块的,他们提供的图像也不是只有一种,有多种图像,你自己可以选择。理论上这些图像的资格是平等的,就像霍金的思想实验里说的金鱼的物理学和我们的物理学也是平等的一样。

问题是我们怎么去选择呢?既然我们自己不是科学家,没法判断这些不同的图像哪个更好,那么在我们自己没有能力选择的时候,当然选择去听科学共同体的了。而科学共同体的意见也不是一致的,那么我们只能听他们中间主流的,比如说现在他们中大部分人同意的那个理论,我们也姑且同意它。

这么一来你会觉得,难道这就像少数服从多数一样吗?科学的事实难道可以靠投票来决定吗?事实上真的是这样。科学共同体此刻向我们推出的那个结论,实际上是这个共同体内部协商的结果。

科学共同体内部有争论的时候,我们先排除争论的某些方面是在无理取闹的情形,争论的人当然有他自己的依据,他觉得他的图像更好，他的理论更好，他也有他的依据和理由。但是最终这个共同体通过协商，向我们推出主要的结论。这个协商有的时候真的就是少数服从多数。比如说，在有些科学共同体的群体里甚至会采取投票的方法：我们对几个竞争的理论投票，投下来的结果，大部分人同意采纳这个，我们就采纳这个——我们宣布我们现在采纳这个。

有的时候表面上没有进行投票，但是实际上仍然是在进行投票。所谓协商不一定是说一堆人围着桌子坐下来当场协商。有时候协商不一定要通过这种形式完成。比方说，协商可以通过最正常的学术运作机制来完成。

最正常的学术运作机制是什么？是发表学术论文。你把你自己的理论和发现写成一篇学术论文投寄到学术刊物上去，刊物要实行同行审稿，如果你的论文结论是这个群体的大部分人愿意接受的，那么很显然审稿的时候稿件被通过的概率是很大的；反之，如果你持的是某种非常另类激进的观点，审稿就经常会通不过。审稿通不过，论文就发表不出来，而那些审稿通过的论文就会更容易、更多地被发表出来。最后你看到的绝大部分已经出来的论文都是赞成某种理论的，其实这就完成了协商机制。

通过这样的机制,科学共同体已经向外界呈现了——我们现在同意的是这样一个理论。

类似的协商机制还会体现在科学著作的出版上。出版社也同样要找人去审查书稿。如果很多同行都说这个书稿的理论是荒谬的,这个书可能就出版不了,或者至少不能由某些权威的出版社来出版。当然作者也可以自费出版,但如果是主流科学共同体认同的理论,这个出版过程就会顺利得多。

所以我们公众看到论文,看到专著,乃至看到科学家到电视上去讲他的理论等,这些其实都是科学共同体协商的结果。协商的结果最后就是:科学共同体把此刻多数人同意的理论拿出来,告诉公众我们现在就是这样描绘外部世界的。具体到每一个问题其实都是这样。所以一旦认识到这一点后,你就可以坦然地接受科学不等于正确这个结论了。

同意"科学不等于正确"的理论后果

接受了这个结论,会有什么后果呢?

可以说后果很严重。

因为以前如果一直接受科学就等于正确的话,那么科学对你来说就会具有非常高的权威，甚至具有无上的权威。为什么科学能获得这个权威呢？其实科学权威最主要的来源是它所宣称的客观性：它揭示了外部世界的规律，这个外部世界是客观的，揭示的规律也是客观的，所以它告诉你的事情，就是客观的东西，是真相，甚至可以说是真理。

如果你现在同意了科学不等于正确的话，你就无法知道它所揭示的外部世界到底是什么样的。其实它能告诉你的只是一个阶段性的东西，这个阶段性的东西，它既不是第一个也不是最后一个，人们不断会用新的东西来取代它。这时候，这个所谓的"科学事实"，乃至所有的这些科学理论，它们的客观性就产生了问题。也就是说，任何科学理论都并不具有百分之百的客观性。这些科学理论中都有人为建构的成分，它们都是科学共同体集体协商出来的结果。

既然是这样的话，那科学的权威就要大打折扣了，这和你原先认为科学等于正确的前提下科学在你脑子里形成的权威大相径庭。

现在你就应该认识到，科学只不过是一个不断用新理论取代旧理论，用新结论取代旧结论的这样一个不断活动的过程。所以他们现在说的那个东西，是不是真的就是正确的呢？不一

第一讲 科学等于正确吗

定。

如果我们同意这样的判断，有的人就会担心，这样的话，是不是就落入虚无主义的陷阱里去了？现在科学的东西既然也不一定正确，那么你叫我去信什么呢？其实这个担心没有必要，在大部分情况下我们还是要信科学，因为这是相对来说比较可信的说法。

因为科学共同体目前都是大部分人同意，所以你接纳这个结论相对来说风险是最小的，而且你接纳了这个结论到实践中去检验，往往也是通得过的。在这种情况下，我们就觉得现有的理论是可行的。比如说，我们用现有的万有引力理论建构起来的整个天体力学的理论体系，用这个体系向月球发射一艘飞船。这个飞船确实能在月球上我们指定的地点上降落，这就说明至少在这个范围里，我们的万有引力理论是成功的，是可用的。在我们要求的那个精度下，这个理论确实能够相当准确地描绘外部世界，所以现在这个理论是可以用的。

这个理论可以用，并不意味着这个理论就神圣不可侵犯，永远不可以改变。此刻可以用，用得也不错，也不能保证它此后不被别的理论替代。这个道理其实很简单。就像你现在用某一个手机，你觉得它很好，几乎没毛病，你也不会排除今后用更好的手机吧？你也不会同意这个手机就是神圣不可侵犯的吧？科学理论也是一样的，哪怕此刻它很成功，我们也得做好心理准备，明天它有可能被更成功的取代。所以这一讲的主要的结论就是，科学不等于正确。

〔第二讲〕
科学是双刃剑吗

在双刃剑的比喻下面,有两条路径:

一条是认为科学是价值中性的,纯粹就是一个工具;

另一条是认为科学不是价值中性的,里面有善也有恶。

第二讲　科学是双刃剑吗

科学是双刃剑吗？"双刃剑"这个说法我们很熟悉，我们在媒体上经常可以听到这样的说法：科学是一把双刃剑。但这个说法实际上很值得分析。

科学共同体不喜欢"双刃剑"的说法

首先，我们来看看通常是在什么场合人们才用这个说法。通常人们在谈到科学技术造成的某些负面影响的时候，愿意用这个说法。

但其实对于这个说法，科学共同体并不喜欢。

因为在我们大部分关于科学的教育中，我们并不强调它是双刃剑。所谓双刃剑，当然就是说它有好的一面，也有坏的一面。好人可以拿它做好事，坏人可以拿它做坏事。但实际上我们平常的教育中强调的都是科学好的一面，甚至在大部分科学教育中，我们认为科学是尽善尽美的，是全能的。这个概念和双刃剑的概念是有矛盾的。

科学共同体平时不愿意谈论科学是双刃剑，在什么样的情况下他们才愿意谈论呢？只有在人们谈到有人用科学技术做了坏事的时候，他们才愿意谈这个话题。

比如说，前些年的三聚氰胺▼奶粉事件，孩子们吃了这种奶粉以后产生不良后果了，社会关注这件事情了。他们才会谈科学是双刃剑。那么三聚氰胺是不是科学技术？当然是科学技术。类似的还有地沟油等，这些都是科学技术。这时候人们

▼
三聚氰胺：白色单斜晶体，几乎无味，微溶于水（3.1g/L 常温），可溶于甲醇、甲醛、乙酸、热乙二醇、甘油、吡啶等，不溶于丙酮、醚类，对身体有害，不可用于食品加工或食品添加物。2017 年 10 月 27 日，世界卫生组织国际癌症研究机构公布的致癌物清单初步整理参考，三聚氰胺在 2B 类致癌物清单中。

第二讲 科学是双刃剑吗

就用"科学是双刃剑"这样的说法。

其实使用"双刃剑"这个说法的时候,许多人并没有认真想过这个说法真正意味着什么。如果你在理论上稍微分析一下的话,就会发现使用这个说法其实会在理论上产生非常严重的后果。

科学共同体本能地不喜欢使用"双刃剑"这个说法,其实是有道理的。

实际上可以说他们隐约也能够意识到这个说法对科学共同体形象的危害是很大的。

"双刃剑"在理论上导致的严重后果

我曾和科学共同体的一些成员讨论过这个问题,我说你们有两种立场可以选择:

一种是你们可以认为科学技术是中性的。所谓中性,其实就是我们平时说的"双刃剑"的另一种表达,意思就是说科学本身没有好也没有坏,好人可以利用科学,坏人也可以利用科学,这是一种立场。

还有一种立场,是承认科学既有好的一面,也有坏的一面。

> 三聚氰胺事件：2008年中国奶制品污染事件，是中国的一起食品安全事故。事故起因是很多食用三鹿集团生产的奶粉的婴儿被发现患有肾结石，随后在其奶粉中被发现化工原料三聚氰胺。

那么，这两种立场，你愿意选择哪一种？

当时正是三聚氰胺的事情▼闹得沸沸扬扬的时候，一个科学共同体的朋友说，我愿意选择中性的那种。

我们要知道，"科学是双刃剑"这个说法，其实上面说的两种情形都是可以包括的。也就是说，或者你认为科学本身是中性的，价值中性，所以它既没有好也没有坏，它既可以被好人利用也可以被坏人利用；或者说科学本身就有好和坏，就像一个人身上有优点和缺点一样。这两种情形其实都可以用"双刃剑"这个说法来表达。

所以我问这个朋友他愿意选择哪一种，他说他愿意选择科学是中性的。我说："好。你愿意选择中性，就要认清选择中性的后果很严重。你认为科学是中性的，是不是说你们科学共同体不需要为

第二讲 科学是双刃剑吗

三聚氰胺毒奶粉事件负责任？"他说："是的，因为那是坏人在利用我们的科学技术做坏事，所以我们是没有责任的。"

我说："你如果愿意这样认为的话，那么你想过没有，以前你们凭着科学得到了那么多的荣誉，得到了那么多的赞美，怎么能落实呢？那些事情，不就是好人利用了科学做好事而已吗？你为什么要享受这个荣誉？科学如果不想承担三聚氰胺事件带来的责任，科学就要把以前的荣誉都让出来。坏的事情你不担责，因为那是坏人利用你做坏事。那么你前面那些荣誉也都交出来，那是好人利用你做好事，没你什么事。你是中性的，做了好事你也不应该分享这个荣誉，就像有人做了坏事你也不用承担责任一样。你愿不愿意这样？"

他一听说要把前面那么多荣誉都交出来，他又不干了。他说："那我愿意选择另一种，我承认科学既有好也有坏。这样我可以保住前面这么多荣誉，毕竟我明显功大于过，这么多年来我们科学给人类文明做了那么多贡献，今天我们的现代化生活不都是靠科学支撑的吗？那我就愿意承认我们既有好也有坏，我们就在这个意义上来使用'双刃剑'的说法。"

我说："那也行，你要是这样，第一，你原来那些荣誉继续拿着，这没问题，但是出了坏事的时候也要承担责任，比如三聚氰胺这事，你们科学共同体就要承担责任。"

"具体怎么承担呢？当事人不都已经判刑了吗？"

我说："当事人被判刑并不意味着科学共同体来承担责任。作为科学共同体，如果要承担责任，至少要有姿态吧！比如说，三聚氰胺的技术，获得了国家科技进步二等奖▼，那个二等奖现在还在呢，也没有把这个二等奖取消了啊！而且我们有过取消国家科技进步二等奖的先例，当某个科学家造假，事后被揭露出来，我们就把他的奖项给追夺了。那么像三聚氰胺这样的技术，当初研发出来就是为了让指标在检测的时候过关，说穿了就是作奸犯科，帮助坏人在检测的时候把某些指标弄高，能够以次充好。那我说，这样的技术得什么奖呢？就应该把这个奖剥夺了，这样才表示科学共同体愿意承担责任。"

▼ 2008年1月8日，三鹿集团"新一代婴幼儿配方奶粉研究及其配套技术的创新与集成项目"获得了2007年度国家科学技术进步二等奖，技术实质是添加三聚氰胺以提高蛋白质含量和稳定性。

第二讲　科学是双刃剑吗

科学技术中有恶吗

但是这种事情，追责不是我们的义务，何况我们也没有这个权力，我们要讨论的是理论上的问题。我和上面提到的这位朋友继续往下讨论。我说："你现在同意科学有好也有坏，好当然占了绝大多数，坏只有很少一点儿，你是因为考虑到这种比例，所以对我说同意这样做吗？"他说："难道这不是事实吗？我们不是好的东西占了绝大部分吗？99.99%都是好的，偶尔有一点儿不好的事情，有什么要紧呢？"

我可以承认目前科学99.99%都是好的。但是我说，你要认识到，你同意科学有好也有坏，将在理论上产生的严重后果。

因为以前你向我们强调的是，科学是至善全能的，是尽善尽美的东西，它的坏的部分等于零——它身上没有坏的东西。所以出现了一些坏事情的时候就赶快把责任推到别人身上去，这实际上是双重标准。

当人们歌颂科学，说科学给我们带来了多么好的成果的时候，你都同意说这是科学本身的好带来的，所以你欣然接受这些荣誉；等到科学带来的某些不好的后果暴露出来的时候，你立刻使用另一个标准,说科学是中性的,那是坏人利用了我去做坏事,所以我是没责任的。

我说:"你不能双重标准,对不对?你第一次选了科学中性,自己觉得不合算,现在又愿意选科学不是价值中性,科学有好也有坏。但是,你只要承认这一点,哪怕现在这个坏只是0.01%,好是99.99%,有了这个0.01%,后面就会有问题。这就是我们说的'千里之堤,溃于蚁穴'。你理论上的防线就出现了漏洞,科学已经从一个尽善尽美的东西,变成了里头有好也有坏的东西。"

而且到底什么东西是好,什么东西是坏?这个评价标准是很复杂的。

以前我们因为在脑子里有先入之见,认为科学是尽善尽美的,所以对于科学中的很多事情到底是坏是好,我们没有去仔细追究过。如果要去仔细追究,有些事情最初出来的时候也没看出什么坏来,后来产生了很坏的后果,你会觉得是坏的。也就是说你对科学中的某些东西的评价是会随着时间而变的。今天被你放在99.9%那部分里的,你认为是好的东西,后来随着社会的发展,也可能被你判断为坏,更何况还有一些事情现在就有争议。

第二讲 科学是双刃剑吗

比如说造原子弹▼。造原子弹这个事情你可以把它归结为是一门技术。关于核裂变能够释放出能量这样的理论,我们把它称为科学理论。当初核物理学家研究这种理论的时候并没有想去制造杀人武器。当时只是沿着核物理发展的道路在往前走,但是,等到有人想到用这个东西可以造出杀人武器来的时候,在技术上对它进行进一步发展,让它变成一个可以造成杀人武器的技术的时候,事情性质是不是有了改变?

"二战"的时候,德国人最先开始制造原子弹,这个消息被爱因斯坦等人知道以后,他们给罗斯福写信,建议他应该抢在德国人前面把原子弹造出来。后来罗斯福在爱因斯坦的一再催促下,确实采纳了这个方案,启动了所谓的曼哈顿工程▼,也确实抢在德国人前面把原子弹造出来了。但是"二战"胜利后不久,

▼
原子弹(Atomic bomb):核武器之一,基本原理是核聚变反应,利用核反应的光热辐射、冲击波和感生放射性造成杀伤、破坏以及大面积放射性污染。

▼
曼哈顿工程:美国陆军部于1942年6月开始实施利用核裂变反应来研制原子弹,亦称曼哈顿计划(Manhattan Project)。

爱因斯坦就签署了另一个宣言，要求禁止核武器。他自己在电视节目中说，进一步研发核武器会导致人类灭亡。

这件事情过去这么久了，今天我们完全可以事后来分析。你说造原子弹这个技术到底是善还是恶呢？

如果用前面一种价值中性的说法，答案就很简单。造原子弹这个技术不分好和坏，坏人拿它做坏事，希特勒拿它造原子弹是坏事；好人拿它做好事，美国人拿它造原子弹是好事。所以它是价值中性的。

这个解答是如此的简单，以至于很多人觉得这不是挺好吗，我们用这个方法就能解释了。

但是你想想看，如果用另一种理论，就是用我们前面说的"技术本身有善也有恶"来看，其实造原子弹这件事情根本就是恶。

只不过坏人先在做这件恶的事情，好人觉得自己不跟进的话就会吃亏。

由于在今天、在事后，我们认为法西斯阵营是不正义的，而以美国为首的反法西斯阵营是正义的。在"二战"这件事情上，美国方面是正义的，所以我们就认为美国人造原子弹不是恶，而希特勒造原子弹就是恶。

那么等到我们和美国关系紧张的时候,我们造"两弹一星"▼了,这个时候我们怎么说?当然在这个逻辑里我们也是能自圆其说的,由于美国用原子弹对我们进行威胁和讹诈,所以我们要保护自己,就要造我们自己的"两弹一星"。在这个具体的案例里,美国人造原子弹对我们进行讹诈是恶,我们造"两弹一星"是善。这个逻辑其实是当年希特勒造原子弹是恶、曼哈顿工程是善的逻辑的平移而已。这是一样的。那么在这件事情里,善和恶之间到底是怎么判断的呢?你会发现这个时候判断它是很困难的事情。

▼ "两弹一星":核弹、导弹、人造卫星。1960年11月5日,中国仿制的第一枚导弹发射成功;1964年10月16日15时中国第一颗原子弹爆炸成功,使中国成为世界上第五个有原子弹的国家;1967年6月17日上午8时中国第一颗氢弹空爆试验成功;1970年4月24日21时中国第一颗人造卫星发射成功,使中国成为第五个发射人造卫星的国家。

萨哈罗夫和海军少将的故事

这里还可以讲另外一个例子。萨哈罗夫▼是苏联非常有名的持不同政见者,是一个著名的物理学家,后来他在西方得

▼ 安德烈·萨哈罗夫(A. D. Sakharov, 1921—1989)苏联原子物理学家,被称为苏联的"氢弹之父",1975年获诺贝尔和平奖,1988年获得国际人道和伦理联合会(International Humanist and Ethical Union)颁发的国际人道主义奖。

了诺贝尔和平奖。他晚年在回忆录里说过这样一件事情：

他四十多岁的时候，有一次想出了一个新的招数，就是我们现在所称的潜射核导弹技术。他设想让潜艇开到离敌方城市不远的地方，从潜艇里射出一枚带着核弹头的导弹，就可以把敌方的城市整个摧毁掉。当时因为潜射核导弹技术世界上还没有，他的想法是非常有创新性的。他当时把它叫作"鱼雷计划"。

萨哈罗夫想出这个计划以后非常兴奋，就去找海军少将福明来商量这件事情，说他觉得可以这么搞。结果福明说："我们海军官兵只习惯和武装的敌人战斗。"意思是：你这样对整个城市搞核袭击，那不是屠杀无辜的和平居民吗？这样的事情是我们海军官兵"不习惯"做的。萨哈罗夫后来在回忆录里说："我觉得丢脸得要命。"他就不再找军方谈这件事情了。

在这件事情上我们能够看到什么？我们看到的是：一个科学家比一个职业军官更热衷于研发大规模杀人武器。苏联政府当时并没有要求萨哈罗夫研发新的核武器投放技术，这不是上级交给他的任务，是他自己自发要研究的。他想出一种更高效的杀人方式，一项更有效的投放原子弹的技术，结果海军将领反而说他们觉得这是不人道的。屠杀和平居民是我们不"习惯"的。

第二讲　科学是双刃剑吗

在这件事情上我们看得清清楚楚，恶在谁那里，善又在谁那里。萨哈罗夫后来自己对这类问题给出的辩解是："我只是一个工人，搞技术的，政治家要我杀人，我只好去帮他杀，我没办法。"但是在这件事情里，政治家没有叫你研发这么恶的核武器投放技术，是你自己要研发的。而且当时是冷战期间，已经是"二战"之后好些年了，苏联又没有什么危险，至少也不像"二战"期间与德国作战那么危险，对不对？也就是说，本来没什么迫切的情况要求你研发这么恶的杀人技术，但是你自己自动自发地要去研发它。

这件事情的解读空间当然是非常大的。如果我们认为这样的核武器投放技术，或这种念头本身就是恶的，那这个恶到底归在谁头上也有讨论空间。

比如说，归在萨哈罗夫个人身上。他当时只不过是科学共同体的一分子，你可以说那只是科学共同体中的一部分人脑子里有恶，所以他们想出这样恶的事情来。但是你也可以再往根子上想，实际上爱因斯坦晚年所呼吁的也是这样的观点。就是说从根子上说，这种大规模杀人的技术本身都是恶的，我们如果不研发这样的东西，都把科学技术用到为人类的福祉服务上去，不是更好吗？

所以在这种故事里,你至少可以看到有一条理论的路径,是指向科学技术本身的,即说科学技术本身也可能是有恶的。一个东西善和恶是放在一起的,我们以前经常说一分为二,有很多东西其实是做不到一分为二的。如果要接纳它,为了要利用它的善,你就肯定要承受它的恶,如果你想拒绝它的恶,你可能连它的善也不能利用。所以科学技术到底是不是双刃剑?如果我们同意是双刃剑,其实后面理论上的含义还是很深的。

科学就是厨房里的切菜刀

在双刃剑的比喻下面,有两条路径:

一条是认为科学是价值中性的,纯粹就是一个工具;另一条是认为科学不是价值中性的,里面有善也有恶。

实际上这两条路径当然都是纯粹理论上的探讨,至于我们在实际生活中怎么看待科学,我觉得不一定要在这两条路径上站队。我们不是非得要选择它是价值中性的,还是有善也有恶,其实这两者在很多情况下是可以统一在一起的。

由于我们以前把科学技术想象得太好,因为我们看到科学技术会给我们带来物质文明,带来生活享受,带来很多好的东

第二讲 科学是双刃剑吗

西,结果我们就忽视了这事情背后的另一面,就是科学技术它也可以给我们带来不好的东西,这些不好的东西到底是来自科学自身的呢,还是它让坏人利用了呢?在我们日常生活的层面上,这两者之间没有什么差别。它为什么变得可以被坏人利用呢?那肯定是因为它本身就具有做坏事的能力,所以才被坏人利用。如果它没有做坏事的能力,坏人也不可能来利用它。

所以现在我比较愿意采用的一个比喻就是:科学是我们厨房里那把切菜刀。切菜刀你每天都要使用,我们承认没有切菜刀不行,我们日常生活会有大大的不便。在这个比喻的这个意义上,我们也承认了科学技术给我们的生活带来的这些好的方面。但是我们一定要认识到,切菜刀是有危险的。切菜刀如果被坏人拿在手里,它就是可以杀人的;你自己要是不当心,切菜刀也可能把你的手割破;而且切菜刀也不能让儿童随便玩,你得在厨房里把它放好吧?平常得收拾好。

这就是我们对待科学的正确态度:我们承认它确实在我们生活中是离不开的,是要用的。但是我们要看到,第一,它也可以被坏人利用来做坏事;第二,它本身也是有危险性的,有一些事情我们必须对它监管,如果你监管得不到位,它就可能产生坏的后果。

小孩子不当心拿切菜刀弄伤别人了，这个比喻也不是没有意义的，因为小孩子没有坏心。小孩子用切菜刀闯了祸，跟坏人拿切菜刀杀人性质不一样：一个是故意要利用它来做坏事，一个是无心产生了不好的后果。但是反正后果都是消极的，所以它要被监管好。

那么回到我们的题目上来说，科学是不是一把双刃剑呢？答案当然是肯定的，科学是一把双刃剑。既然是双刃剑，这个剑平常就得管理好，没事得放到剑鞘里去吧？不能整天听任它被到处乱放，整天舞动它，甚至让坏人拿到手里去吧？所以如果我们同意科学是一把双刃剑的话，我们当然就要同意，用中国科学院原院长路甬祥▼院士的话说，就是"要用法律和伦理道德来规范和引导科学"。

▼
路甬祥：曾任中共中央委员，十一届全国人大常委会副委员长、党组成员，中国科学院院长，浙江大学校长。现任中国产、学、研合作促进会第二届理事会会长。

〔第三讲〕 全球变暖：科学的局限性

随着中国在国际上的地位日益提高，我们越来越多地参与到国际事务中，人们肯定已经发现了：全球变暖这样的议题，就是西方人设置出来的。

第三讲　全球变暖：科学的局限性

3

地球是不是在变暖？地球变暖会不会造成地球环境的灾害？这种变暖是不是由工业碳排放造成的？

这一讲主要是借用全球变暖这件事情来分析科学的局限性。

"全球变暖"议题包括三个问题

全球变暖这个说法大家已经非常熟悉。这些年这个说法已经成为媒体上一个大家耳熟能详的说法。很多人倾向于相信全球正在变暖。在国际上，有不同的利益集团对这个话题进行争论。确实，主张和宣传全球变暖，这一派的观点似乎是占了上风，但是全球变暖这件事情，实际上是值得深刻分析的，这件事情远没有人们想象的那么简单。

比如说在大众传播的层面影响比较大的，是美国前副总统戈尔▼（Albert Arnold Gore Jr.）所搞的一个片子，叫作《难以忽视的真相》▼（*An Inconvenient Truth*, 2006）。这个纪录片在中国也挺流行，还有和这个纪录片配套的书，也有中译本。在这个纪录片里，戈尔极力主张说全球是在变暖，他利用了纪录片特有的那种长处，比方说去展示全球变暖产生的环境变化等，给人印象很深刻。很多人看了这个片子就会相信全球真的在变暖。

而实际上，全球变暖问题不是一个简单的地球是不是在变暖的问题。全球变暖问题是由三个问题组成的，这三个问题互相是有联系的。三个问题是这样的：

▼
阿尔·戈尔（Albert Arnold Gore Jr., 也译作艾伯特·戈尔），1948年3月31日生于华盛顿，美国政治家。曾于1993—2001年担任美国副总统，获2007年度诺贝尔和平奖。

▼
《难以忽视的真相》(*An Inconvenient Truth*) 是哥伦比亚广播公司、派拉蒙家庭视频公司等七家公司于2006年联合发行的一部环保纪录片。由戴维斯·古根海姆（Philip Davis Guggenheim）根据同名图书编导，美国前副总统阿尔·戈尔进行讲解。该片讲述了全球气候变暖及环境恶化所带来的灾难，呼吁保护环境、减缓气候变暖，获2007年第79届奥斯卡金像奖。

第三讲　全球变暖：科学的局限性

第一个问题——地球是不是在变暖？

第二个问题——地球变暖会不会造成地球环境的灾害？

第三个问题——这种变暖是不是由工业碳排放造成的？

在戈尔的纪录片里，他对这三个问题的答案都是"是"。全球确实是在变暖，这样的全球变暖确实会导致地球环境的灾难，而这种变暖就是工业碳排放造成的。

但实际上这三个问题中的任何一个，都不是简单的"是"或者"否"能够回答的。

为什么呢？因为在这三个问题上，科学的局限性就太明显了。科学没有能力来解决这三个问题。由于科学技术解决了很多具体的问题，所以在我们的教科书上、在我们的科普读物上、我们日常的印象中，我们觉得科学就是一个能够让我们把问题清清楚楚解决的这样一个万能的东西，但其实有很多事情科学是没办法解决的。上面的这三个问题，严格来说，现在的科学都没有能力解决。

科学在这三个问题上的局限性

具体来说，第一个问题，全球是不是在变暖就不是那么简单的，现有的科学在这个问题上就有严重的局限性，它的能力非常有限。

我们怎么知道全球在变暖？

世界上有比较规范的关于气象和温度的记录，也就是一百多年的时间。在此之前，地球上的温度谁也没有留下完整的记录。我们今天用什么方法知道以前的地球是什么温度呢？我们是用推测的方法。这些推测的方法用的是比方说，对现有的植物、对地底下挖出来的东西这类事物间接推测出来的。这种间接推测本身是无法得到验证的，这是第一个局限性。

第二个局限性是，根据我们以往所掌握的各种地球温度变化的周期来看，地球的温度一直是在变化的，而且这种变化的规律还没有被我们确切掌握。我们可以在已经发现的那些考古、地质等方面证据中看出来，地球温度的变化有多种周期。这些周期是不是真的存在？比方说，某种小周期是不是一个更大周期的一部分等，这都没有办法用很精密的科学、很精密的数学公式来描述。所以关于地球温度变化的周期等，通常也是一种经验值，是一种推测，是根据一些有限的证据推测出来的。

因此第一个问题，地球是不是在变暖，就没办法获得确切的答案。它有可能是在一个周期中逐渐在变暖，但它也有可能

第三讲 全球变暖：科学的局限性

在一个更大的周期中变冷；或者在某个很长的周期里，它处在某个平稳的阶段，但这并不意味着它每年都得一模一样，它可以有小的波动嘛。比方说，这个波动也许是以几年为周期、以几十年为周期，都是不可知的。这里不是像物理学那样非常精密——物理学给我们的印象就是精密的，它的规律可以严格地用数学来描述。你在中国做一个实验和在美国做一个实验，甚至你跑到月亮上去做一个实验，结果都是一样的，这样的科学是精密科学。但是我们要判断地球的温度变化的周期，这根本不是精密科学。气候科学迄今为止还远远不是精密科学。

那么第二个问题，我们讨论地球变暖，就算我们同意它是在变暖，这个变暖会不会造成环境的灾害呢？这个答案也不是简单的"是"或"否"。

如果我们去看戈尔的纪录片，我们会看到片中展示了很多南极的变化，地球上各种各样的地质和环境的灾害。他说，你看这就是变暖造成的后果。但是实际上，第一，这些后果和变暖之间的因果关系是不是能完全明确地建立起来？这是有疑问的。第二，这种变化它同样有可能是地球环境自身周期性的变化，它到底会有什么样的灾难？实际上这种事情本身就不可能是精密科学。

精密科学是可以做试验的，试验的结果是可重复的。地球环境的灾害怎么可能做试验呢？你就算预言了多少年之后环境会变成什么样，你不到那一年也没法检验你这预言正不正确。而到了那一年，如果这个环境真的出现了你所说的那种现象，人们仍然可以争论，导致这种现象的原因是多种多样的，你说的原因也许只是其中一部分呢？还有别的原因。所以这个不是精密科学的东西，它就不可能让你有明确的结论。

第三个问题那就更玄了。全球变暖，假定现在的地球真的在变暖，那它是不是工业碳排放造成的？刚才我们说过了地球自身环境温度的变化一直有一些周期都是我们没有确切掌握的，所以全球变暖到底是地球自己环境某种周期性变化造成的，还是人类工业碳排放造成的呢？

虽然工业碳排放是有目共睹的，但这些可睹的变化对于地球的整体环境究竟有多大的作用？有没有可能小到可以忽略不计？你要是这么想的话，这也并非是一种完全荒谬的想法。有的人认为，对地球这样一个巨大的环境来说，我们人类现有的一点点工业碳排放其实起的作用是微乎其微的。但是你要论证这一点，光靠这样感性的论述是不够的，那你要拿证据出来对不对？但恰恰在这种事情上，证据非常的不够,而且曾经产生过很大影响的所谓的科学证据,后来又证明是造假。

著名的"曲棍球杆曲线"之学术造假

我们在戈尔的《难以忽视的真相》纪录片中,可以看到有那么一个情节:

戈尔本人站在一个像主席台一样的舞台上,舞台的右端放着一台升降机,戈尔本人站在那台升降机上。那个舞台的背景上显示着两条曲线:一条曲线是以往一千年来地球的碳排放曲线,另一条是一千年来地球温度的变化曲线。在那个背景上这两条曲线基本上是同步的,这两条曲线都是在以往一千年中大部分时间几乎是平的,到了最近几十年一下子从右端升到非常高了。也就是说,这两条曲线说明的是在最近几十年里地球的工业碳排放急剧增加了,这导致地球的温度也急剧上升了。

戈尔为什么要去站在一台升降机上呢?因为他要让升降机升到曲线的顶端上。戈尔一面嘴里念叨"希望我不要摔死",一面升到上面去,要想用手够到上面去。这当然是行为艺术了,他在这个片子里这么做是为了要他的观众对这个曲线在右端急剧上升留下深刻印象。那么这根右端急剧翘起来的曲线，有非常有名的一个外号，叫"曲棍球杆曲线"。因为它很像打曲棍球的那根球杆，也是一头翘起来的。

最初有个叫作曼恩▼（Michael E. Mann）的人，他带着一个小团队做关于地球以往一千年的温度变化这个研究。他在《自然》（*Nature*）杂志上发表了论文▼，说以往一千年的温度就是这样变化的，在最近的几十年急剧地升上去。他这个论文发表以后影响很大，被世界上许多讲环保的人拿来当作"科学证据"。说："你看，全球真的是在变暖，现在有科学证据了。"但是这个文章发表之后不久，就有别的专家质疑这个文章▼，说这个文章的数据是造假的，说这个曲线本身是不真实的。

因为这件事情牵涉到了我们现在是不

▼ 米歇尔·曼恩(Michael E. Mann)，宾夕法尼亚大学古气候学家。

▼ 原文名：*Global-scale temperature patterns and climate forcing over the past six centuries*，由 Michael E. Mann, Raymond S. Bradley, Malcolm K.Hughes 联合署名发表。

▼ S.McIntyre, and R. McKitrick (2003), *Corrections to the Mann et.al. (1998) proxy data base and Northern Hemispheric average temperature series*, Energy Environ.,14, 751—771.

第三讲 全球变暖：科学的局限性

是同意全球在变暖，它会牵涉到各国的政策，所以看上去是一个科学问题，它立刻就变成一个政治问题了，以至于美国国会也要为这件事情开听证会。他们另外任命了两个独立的专门研究统计学的教授▼，让他们去审查曼恩的这个曲线到底是不是可靠的。最后两位审查者提交的报告明确地指出：曼恩的这个曲线是不真实的。因为曼恩和他的团队，他们所依据的那些数据和他们对这个数据的分析，是不能支持这个结论的。

曼恩在发表这篇文章后，立刻名声大振，联合国的有关机构也让他来起草有关的文件，他一下子就变成一颗新星升起来。等到质疑的人说他造假的时候，曼恩不得不在 *Nature* 杂志上登了道歉文章，说自己文章的数据分析是有问题的，但是他又辩解说这个问题不会影响结论。但是既然他自己都道歉了，显然是气馁了，那么人

▼
2006 年，爱德华·魏格曼提交调查报告，断定曼恩的研究方法是错误的，曼恩论文中的分析无法支持他的结论。

们对这个曲线的信任程度当然已经明显下降了。

曼恩过些时候想想又不甘心,他又写了一本厚厚的书《曲棍球杆和气候战争》(*The Hockey Stick and the Climate Wars*,2012)来为自己辩护。

在这本书里,他把针对"曲棍球杆曲线"的这种争论比作是一场战争,他在那里为自己鸣冤,说他是委屈的,其实这个曲线还是有依据的。

那么"曲棍球杆曲线"到底有没有依据?这个时候就要看所谓"科学共同体"的意见了。但是科学共同体的意见是分歧的,有支持曼恩的人,但是比较权威的人大都是不赞成的,认为这条曲线确实是站不住脚的。

那么这条曲线的问题在哪里呢?

还是在我们刚才就说到的科学的局限性。

你不是要讨论以往一千年地球温度的变化吗?由于这个温度以前没什么记录,现在拿到的数据是靠别的东西推测的,推测的时候你就可以选择嘛。

比如说曼恩,他被他的论敌所揭示的问题在哪儿呢?

主要是说他得出这个曲线所依据的是一种叫作"狐尾松"▼的松树的年轮,而这种松树只在北美地区有。由于我

第三讲 全球变暖：科学的局限性

们无法知道地球以前的温度，我们就是通过各种东西来推测的，其中树木的年轮也是推测的依据之一。

问题是，他的论敌质问：曼恩为什么要给狐尾松以特别的权重？曼恩在数据处理中给了狐尾松的数据以极大的权重。原来是因为这个狐尾松的数据有利于他弄成一个曲棍球杆的形状，所以他就给这个松树以很高的权重，没有什么讲得通的理由。他就给它很高的权重，而给别的东西的权重很低，这样他就可以让这种松树的数据来影响这根曲线。这种赋予狐尾松过高权重的做法是一个关键手法，而这个赋予过高权重是缺乏理论依据的。

在这里，我们就看到了科学的局限性。对于这一类不是精密科学的事情，经常都是这样的，它是采用了一个经验方式来做的。实际上比方说我们采集若干种作为依据的数据，分别赋予这些数据以不同的权

▼
狐尾松（Pinus longaeva），常绿乔木，一般高 5～15 米，直径 2 米。树冠为圆形，树皮光滑，呈橘黄色或红棕色。原产于美国的北方各州，生命力极其顽强，是已知的世界上最古老的树木之一，其中最高树龄已达 4800 岁。

重,我们到底给谁多大的权重,这个权重根据什么东西来给呢？它也是经验性的,中间有很多地方是人为的。所以你很容易用你个人的喜好去操控它,你愿意让这个曲线右端翘起来,你就给狐尾松以大的权重；如果你不愿意让右端翘起来,你可以给另一个,比方说另一种树的权重,给得很大,它可能就不翘起来了。这种数据处理,虽然它给公众的印象说这是"科学数据",这是我们用科学分析得出的数据,实际上这个数据里人为的因素是非常大的。

那么再说回曼恩这个事情上来。这个曼恩,你可以尝试给他的行为定性。你说他是急着要上位,年轻人要上位,所以不惜造假也要赶快。这种指控要在曼恩身上成立也未尝不可,因为在科学界这样的事情是挺多的。

但问题是,他的这个有问题的说法、有问题的论文,问世以后大受欢迎。这个大受欢迎的事情就不能都怪在曼恩一个人身上,那就要看那些欢迎他的人了。那些人为什么要欢迎这个曲线？那是因为大家希望看到全球变暖这个说法能够有科学证据,大家盼着有那么一个科学证据出来。

像戈尔这样的人,他本来就是鼓吹全球变暖的,他当然乐意看到有这样的证据。曼恩提供这样的证据,戈尔当然会欢迎。

第三讲 全球变暖：科学的局限性

所以这个事情，你完全怪在曼恩一个人身上也不对，实际上，"曲棍球杆曲线"就是一个许多社会团体和各种力量的合力共同建构起来的科学神话，只是这个神话没能持续太久。

环保、减排背后的政治经济博弈

那么我们再进一步分析，鼓吹全球变暖到底是什么动机呢？它到底是好事还是坏事呢？

先从表面的层面上看，它是好事。不管戈尔的纪录片说的事情是不是事实，他所分析的原因，分析的因果关系是不是成立，至少有一点我们还是可以赞成的，因为他最后归结到我们要保护环境。

保护环境没有错，是应该的，提出"减少工业碳排放"这件事情本身也没错。保护环境的这种言论和宗旨也是对的。所以，如果这么分析，你会觉得曼恩提出"曲棍球杆曲线"也是想做好事，他至少为全球变暖提供了一个证据，然后让大家都认为全球是在变暖，最终达成"我们要环保"的一致意见。你也可以说曼恩是在做好事，或者说他是好心。

碳排放当然也不好，但问题在于为了减少这个碳排放你愿意付出多大的代价？如果你因此付出了太大的代价，比如说，停止发展了，那就不一定值得这样做了吧？

当然我们再往下分析，我们就可以说，即使是好事，也不能靠学术造假来支撑。如果鼓吹环保是好事，那你至少也应该弄个切切实实的、在科学共同体那里大家都认为站得住脚的证据。你用大家认为站得住脚的论证来支持你的结论，这样才是好的嘛！也就是说，你想做一件好事，也不能靠不好的手段做，你不能靠学术造假来支撑你政治上正确的结论。

那么再往下分析，这个全球变暖，除了环保这个大方向肯定正确之外，它到底还有没有更多的分析空间？就是说，鼓吹这套理论之后，它到底对谁有好处呢？比如说，我们作为一个中国公民，我们会问，这个理论对我们中国有没有好处？

实际上我们看到这个理论对我们中国不一定有什么好处。

最初的时候，我们的媒体可能因为对全球变暖这个议题背后的利害关系和具体的来龙去脉不是太清楚，就觉得环保总是好的，所以一开始我们都是正面地来报道这个事情。但是随着中国在国际上的地位越来越高，我们越来越多地参与国际事务中，人们肯定已经发现了：全球变暖这样的议题，就是西方人设置出来的。

这个议题它到底对谁有好处？

第三讲 全球变暖：科学的局限性

先看工业碳排放这件事情。现在我们中国成为世界工厂了，当然我们就会有更大的碳排放出现。这个时候你把工业碳排放说成是地球环境灾害的罪魁祸首，那就等于是客观上制约中国的发展。主观上的动机我们不去深究，至少客观上，随着我们碳排放越来越多，它就会制约我们的发展。

而且在这种事情上，我们必须知道：你作为一个中国公民的立场，和你作为一个世界公民的立场，并不总是能够一致的。

在戈尔的一些言论里，我承认戈尔有时候是以世界公民的立场来说话的，所以他有时候连美国政府的举措也批评。比方说《京都议定书》▼ 这样的东西，美国政府自己就不去签署。它为什么不愿意签署？它说签署了对它有害，会伤害美国的利益，所以它不签署。因为那个议定书里要求第一阶段发达国家自己带头减少工业

▼
《京都议定书》(*Kyoto Protocol*) 是《联合国气候变化框架公约》(*United Nations Framework Convention on Climate Change, UNFCCC*) 的补充条款。1997 年 12 月在日本京都由联合国气候变化框架公约参加国三次会议制定，其目标是"将大气中的温室气体含量稳定在一个适当的水平，进而防止剧烈的气候改变对人类造成伤害"。作为当年原始参与国之一的美国，迟迟不肯将该协议提交本国议会批准通过。2001 年 3 月，布什政府最终宣布单方面退出。在一百多个国家的共同努力下，2005 年 2 月 16 日《京都议定书》在签署 8 年之后，才正式生效。

碳排放，而对中国这样的国家，因为当时是发展中国家，第一阶段不要求中国承诺减少碳排放。于是一些美国人就认为这个事情他们美国人吃亏了，让中国人占便宜了，所以美国政府就拒绝签署。中国当然和很多国家都签署了，所以在这种事情上，国家和国家之间的利益是在进行博弈的。

我们要看到，在这种博弈中，西方列强不仅用军事的、经济的、政治的手段来扩张他的利益，比方说必要的时候开一个航母战斗群到什么地方来威胁威胁你，这是以前老的做法，现在美国人也还经常在用。但是他还有新的手法。

这个新的手法，就包括了利用科学、利用科学的权威设置一些议题。这些议题看上去是无懈可击的，弄得你们不得不跟着这个议题跑。

全球变暖就是一个典型的例子。这个议题就是西方人设置出来的，这个议题大家都得承认说这没有什么不好，环保总是正确的。所以这个议题本身具有某种政治上的正确性，但是在这个议题背后的博弈，仍然还是要讲利益的争夺。

如果我们同意了地球是在变暖、变暖是工业碳排放造成的、变暖会给地球的环境造成灾害灾难的，要是这三个问题你都同意"是"那个答案，那么今天作为世界工厂的中国日子就会难

第三讲 全球变暖：科学的局限性

过起来。

在这里你可以看到：某个所谓的"科学问题"的答案，它对具体的国家和民族来说，其中的利益是非常明显的，是有利害关系的。

而且这个问题事实上又不是一个科学问题。它要是像物理学那样有明确结论，那大家也没话说了，对不对？但问题是它不是这样的一个精密科学，它是一个中间有很多人为成分的东西。曲棍球杆曲线的右端，你要它翘起来就可以翘起来，你要它不翘起来也可以做到。在这样的情况下，你只是以科学的名义在说话而已。实际上它到底是不是科学呢？或者说它有多少科学的成分呢？科学是在这里呈现出明显的局限性。

很多事情上，科学并不能给我们一个明确的结论。所以全球变暖这样的问题，我们把它称之为一个"科学政治学"的问题是非常恰当的。这个问题，表面上看是一个科学问题，在全球博弈中的某些方面，也很乐意把这件事情说成仅仅是一个科学问题。特别是当他自称已经掌握了科学的结论的时候。

但实际上，我们必须看到，首先这不仅仅是一个科学问题，甚至它主要不是科学问题，它是一个政治问题。实际上是不同国家之间的利益争夺，这当然就是政治问题。只不过列强们会玩这种手法，他们用科学的名义设置议题，来为他们的政治利益——说到底就是经济利益服务。

这一讲的主题就是强调，科学是有局限性的，有许多号称是科学问题的事情，其实科学并不能提供确切的答案，这里人为的因素就可以有很大的空间发挥作用。因此，在这种问题上，我们也得有清醒的认识。

〔第四讲〕

转基因主粮

当你想把一种主粮商业化地推广到全国人民的餐桌上来的时候,全国人民的利益和安全就都被牵涉到了,因此全国人民都有发言权。

4

围绕着转基因主粮的争论最近几年非常激烈。大家对"转基因"这三个字已经非常熟悉了,但是围绕这个事情的争议实际上很多情况下是被误导的,所以这是一个非常适合用来分析的个案。

区分"推广转基因主粮"和"研究转基因技术"

我们先把一些基本的概念搞清楚。

我们看到围绕着转基因主粮的推广,赞成和反对的主要是这样两种阵营:

赞成的，是那些从事转基因主粮技术的科学家。他们希望通过让转基因主粮商业化，大规模在中国推广种植。

反对的阵营是多方面的。大部分情况下人们纠缠在转基因主粮吃了以后是不是安全▼这个问题上，而下面我们将看到，如果我们一直纠缠在这个问题上的话，这个争论就会误入歧途，所以我们先要把有关概念区分清楚。

首先，研究转基因技术和现阶段在中国推广转基因主粮完全是两件事情。研究转基因技术是科学家在实验室里做的事情，没有任何人反对他们做这个事情。几乎所有反对现阶段在中国推广转基因主粮的人，其实都不反对科学家在实验室里研究转基因技术。

我们为什么要不厌其烦地把这件事情说成"现阶段在中国推广转基因主粮"，措辞要这么长呢？因为现在赞成的一方要

▼ 2012年9月，《参考消息》第7版做了题为《转基因玉米致实验鼠患癌》的报道。CCTV-7也曾做过题为《研究指孟山都转基因玉米或致癌》的报道。

第四讲 转基因主粮

做的事情就是这件事情,就是要在现阶段,在中国推广转基因主粮。注意这里有多重限定:主粮是什么?是指稻米。对中国人来说稻米是我们的主粮,另外某些转基因作物不是我们的主粮,这没什么争议。比方说木瓜都是转基因的▼。因为没有人把木瓜当主粮,所以围绕着转基因木瓜的争议几乎是没有的。

那么有些人总是想把现阶段在中国推广转基因主粮和研究转基因技术这两件事情混为一谈。他们把反对在现阶段推广转基因主粮的人说成是反对研究转基因技术,然后就说你们反对发展科学,扣上一个大帽子。其实没有人反对科学家在实验室里研究转基因技术。所以我们要先搞清楚,争论的主题是要不要在现阶段在中国推广转基因主粮,而不是争论要不要研究转基因技术。研究转基因技术没有任何争议。

▼
转基因木瓜是为了解决番木瓜环斑病毒带来的木瓜产业下降问题的新型产品,初产于美国,现已进口至中国、加拿大、日本、泰国等地。目前市面上的木瓜绝大多数都是转基因品种。

在中国推广转基因主粮的理由是什么

现在我们再来看,现阶段要在中国推广转基因主粮,争议出现在哪里?

现在的争论,很多情况下是围绕着转基因食品是不是安全。比如说,崔永元做的纪录片▼,他花了好多气力到美国去拍摄纪录片,这个纪录片进一步把大家的注意力集中到了转基因主粮是不是安全这个问题上。

当然转基因主粮是不是安全这个问题,最终我们肯定是要面对的,并且也是要讨论的。但是此刻不是讨论这个问题的时间,或者说此刻讨论这个问题不是当务之急。为什么呢?主要原因有两个。

第一,转基因主粮到底吃了是不是安全,现在很难得出结论。就像我们前面一讲看到的那样,科学是有局限性的,有很

▼ 2013年,崔永元赴美拍了一部名为《小崔考察转基因》的纪录片,通过对美国当地时间2013年12月8日到12月18日走访6个地区30多场访问的内容曝光,揭露了转基因与草甘膦相互依存、捆绑销售的问题。这纪录片第一次沟通了中国和美国的转基因消费市场信息。

第四讲　转基因主粮

多问题科学并不能很快就给你弄出一个确切的结论来。这个转基因主粮吃了到底是不是安全，老实说现在是没办法做出结论的。你要证明它安全，对于这样的结论，现在的证据也是缺乏的。但是你要断定它是不安全的，这样的证据实际上也缺乏。所以这个问题只能是存疑的。在很长一段时间里，转基因主粮吃了是不是安全这件事情只能存疑。

那么下面就有第二个问题了。既然转基因主粮安全与否这个事情是没法确定的，只能存疑，那么你干吗急着要中国人去吃这个主粮呢？

首先，我们缺主粮吗？如果我们中国人缺主粮，我们没稻米吃了，除了转基因稻米，我们就没别的稻米吃了，而我们又除了吃稻米也不能吃别的东西了，那时候当然推广转基因主粮就有必要性了。但现在不是这样的局面。我们中国人多少年来一直在吃不是转基因的稻米，而且吃得也好好的，为什么急着要把一个安全性还存疑的东西推广过来，叫我们食用它呢？

企图在现阶段推广转基因主粮的人，他们平常对公众讲的是什么呢？他们对公众大讲特讲的是"转基因食品是安全的"，很多人居然没有看出这种论证中的逻辑问题。

你想想看,你一直在食用传统主粮,都没问题,他现在想让你换一种主粮食用。你说他要说服你,合理的路径肯定只有两条:第一条是指出你吃的传统主粮有问题;第二条是指出我将要给你的主粮比你原来的主粮更好。你只有论证这两条中的某一条,让公众接受了,公众才会心悦诚服地来吃你的转基因主粮,对不对?

你不能通过论证转基因主粮是安全的,让我们改用另一种主粮啊!因为原来我们的主粮很安全,你又没能证明我们原来的主粮是不安全的,既然原来的就是安全的,我为什么非得要换呢?

而且,我们听到科学共同体内部对这个转基因主粮的安全性还一直存在争议。那我们有什么必要现在换用这个主粮呢?

所以在这里我们看到两个问题:第一个,是换主粮的必要性到底在哪?还有第二个,为什么要换这个主粮——这个主粮的背后是什么利益格局?

转基因作物到底有没有优越性

有一些科学家说,他们要在中国推广转基因主粮,遭到很多人的反对,说他们甚至都不敢再发表这样的言论了,说发表了以

第四讲 转基因主粮

后就会被很多人攻击。这些科学家把自己打扮成好像很受委屈的样子。还有的人说,我们的科学家应该加大科普的力度,对公众进行转基因主粮方面的科学知识普及,让他们更好地接受这个事情。

对啊,应该这样做,你应该更好地对我们公众进行普及,但是你需要对公众普及什么知识呢?不是让你普及转基因主粮是不是安全这个问题。首先是因为它的安全是没有定论的。但更重要的是,你要让大家同意用转基因主粮取代我们传统主粮,不能通过讨论它安全不安全来达到。你得说你的转基因主粮有什么优越性,不是吗?

我们看到,推广转基因主粮的人说过转基因主粮有两种优越性:一种是能增产,另一种是能减少农药的使用。那么好呀,如果真有这样的优越性的话,那么你应该好好地、堂堂正正地对公众普及这两点,让公众看到,转基因主粮产量就是能提升,农药就是用得少。这样,推广、普及不是也能说服公众吗?

为什么你不能好好做这两方面的普及呢?很多人问过这个问题,说你看当他们讲关于转基因主粮的普及知识的时候,他们一直在讲的都是安全问题,讲食用安全,他们为什么不做这两方面的普及呢?

其实他们是有难言之隐的。为什么呢？大家知道，今天在互联网时代，如果一个人在媒体上对公众说谎，是很容易被揭穿的，风险很大。所以如果这两方面的优越性是真的存在的，有确切的证据的话，那当然应该对公众普及了。堂堂正正地说不是很好吗？他们为什么不说呢？就是因为这两个优越性其实是不存在的。既然不存在，怎么可能对公众堂堂正正地进行普及呢？你一说了谎，公众到互联网上去查查就知道了，知道你在说谎了。因此好的策略当然是不能说谎，好的策略是讨论安全与否。安全是一个没有定论的问题，我说它安全，虽然没有证据也不能被断定为说谎，因为它没有定论。

比方说前一阵子有科学家发表言论：有人说吃了转基因主粮会致癌，这是谎言；后来又说吃了转基因会降低生育，这也是谎言。你如果正面地去理解他的话，你很容易地会理解为"吃了转基因主粮是不会致癌的，吃了转基因主粮是不会影响生育的"。

但是，如果说"吃了转基因主粮会致癌"是谎言的话，那么"吃了转基因主粮不会致癌"同样也是谎言。

为什么他说吃了会致癌是谎言呢？他说因为没有致癌的证据。那么不致癌的证据有没有呢？当然也没有。不致癌的证据也没有，那么为什么说食用转基因主粮不致癌就不是谎言了呢？

所以在这件事情上，宣传策略是很有技巧的，它经常利用公众的某些思维定式来误导你。现在我们来具体分析分析，到底转基因主粮有没有优越性？

实际上有很多人对转基因主粮是不是能减少农药使用、是不是能增产这两个问题做过研究，只不过这些研究当然是试图在中国推广转基因主粮的人不愿意讲的。

比如说，有一个新西兰的Heinemann教授带着一个团队做转基因作物方面的研究。这位教授本人不是一个要推广转基因主粮的人，他在这个事情上是中立的。他们的研究结果发表在2013年6月的《农业可持续性》(*International Journal of Agricultural Sustainability*) 杂志上。

他们追踪了西欧和北美两个地区

杰克·海尼曼，新西兰坎特伯雷大学生物学教授。

二十五年左右的转基因作物的种植。他主要追踪的是大豆、玉米，还有一种是油菜籽，共三种作物。为什么他要追踪这几种作物呢？是因为这几种作物的转基因品种在北美都是被大规模种植的；而在西欧，大部分国家都是禁止种植的。在西欧只有西班牙允许种植转基因品种，其他国家都是不允许种植的。

所以他比较这两个地区的同样的这三种作物。西欧是用传统的方式种的，北美是种植转基因品种的。比较这二十五年左右的情形就可以看出来，在这个时期里，西欧和北美的这三种作物，它们的产量都在上升，他们使用的农药都在下降。但是，西欧的产量上升得更快，农药下降得更快。也就是说，传统的非转基因品种，它在增产和减少农药使用这两方面都比转基因品种要更好。

这样一比较你就知道了转基因其实在这两方面是没有优越性的。

但是，我们这里再一次看到了科学共同体中的某些成员，他们面对公众进行宣传的时候会采取一些策略，其中一个策略就是对证据的选择。因为和他们相比，公众在信息方面和他们是不对称的，公众知道的事情少，他们知道的事情多，所以他们可以选择证据。

比如说，当他们不向你提供西欧的证据，只向你提供北美的证据的时候，你将看到什么？你将看到，我们大规模种植转基因品种的这三种作物二十年里农药下降了多少多少，产量增加了多少多少。然后他就可以告诉你：你看，转基因作物是不是可以增产，是不是可以减少农药的使用？你看了这样的数据，你将会承认说，真的，它是可以减少，它是可以增产。但是你看，如果你和西欧不种转基因品种的地区一比，你就知道了，它没有优势嘛。对于传统作物，人们也不断地在改进它的种植技术，同样在增加产量，同样在减少农药使用。所以转基因品种在这两件事情上是没有优越性的。

从这个例子，我们就可以看到，为什么极力主张推广转基因主粮的科学家不可能好好地对我们公众正面做这方面的科普？因为这个事情实际上对他们是不利的，所以他们回避进行这样的科普。

转基因主粮的商业化及其背后的利益争夺

现在看第二个问题。有一些人已经指出，那三个曾经从我们农业部获得的许可证▼，后来又过期了。许可证过期是因

> 中华人民共和国农业转基因生物安全证书（生产应用）农基安证字 [2009] 第 074 号。

为后续的许可证，农业部一直没有颁发，所以大规模的商业化种植一直没有获得许可。那些极力想在中国推广转基因主粮的科学家抱怨农业部"不作为"，原因就在这里。农业部后来又延期了关于转基因大米的许可证，但是这个许可证仍然不意味着他们可以进行商业化种植，因为后续的许可证还没获得。

一个隐藏的问题是，这几种得到了许可证的转基因稻米品种里，都是有外国公司的专利的。

美国前副总统戈尔在他最近的那本书《未来：改变全球的六大驱动力》(*The Future: Six Drivers of Global Change*, 2013) 中，揭露说美国的孟山都公司控制了世界上 90% 的种子的基因专利。戈尔批评孟山都公司的这种行为，他说这样的做法将使得世界各国人民不能平等地共享科学的成就。这个批评还是很委婉的，

> 孟山都公司 (Monsanto Company) 创立于 1901 年，总部位于美国密苏里州克雷沃克尔，以在越南战争中为美军提供破坏环境的落叶剂著称，后成为一家跨国农业生物技术公司。是基因改造 (GE) 种子的领先生产商，占据了多种农作物种子 70%~100% 的市场份额，在美国本土，占据整个市场的 90%。

第四讲 转基因主粮

因为孟山都掌握着那么多的基因专利——90%的种子专利都在他手里。当然你研发各种转基因作物时，都会遭遇它的专利保护。美国凡是涉足这个领域的几个大公司，都申请了大量的专利来保护他们自己的商业利益。所以你一旦在中国大规模地推广转基因主粮商业化种植的时候，这个专利就要起作用了。

而从世界有关环保组织，比方说"绿色和平组织"这样的机构所发布的报告里，明确指出了中国的这三种转基因作物里有孟山都公司、拜耳公司▼、杜邦先锋公司▼等公司的专利。对于这一点，实际上没有人能否认，至少我就没看过那些要想在中国推广转基因主粮的科学家出来否认这一点。

事实上，他们是承认的。因为有的科学家说，孟山都公司当然有垄断市场的动机，"这是无可厚非的"。这个说法本身就

▼
拜耳公司（Bayer）是世界500强企业之一，创立于1863年，总部位于德国的勒沃库森。在全球建有750家生产厂，拥有120000名员工及350家分支机构。公司的四大支柱产业为高分子、医药保健、化工、农业。2016年9月14日，拜耳与孟山都达成收购协议。2018年6月8日，德国拜耳公司以630亿美元收购孟山都公司。

▼
杜邦先锋公司（Dupont Pioneer）是世界500强企业——美国杜邦公司旗下的全资子公司，创立于1926年，是世界上最早的玉米种业公司，总部设在美国爱荷华州。杜邦先锋公司拥有世界上最大规模的玉米种质资源库，覆盖了60%以上的玉米种质资源，并在全球建立了126个育种站。

很荒谬。孟山都公司是美国的公司，可连戈尔这样的美国前副总统都还批评孟山都的做法呢，中国的科学家居然说这是"无可厚非的"。

当然他们可以辩解说这是认识问题。那行，就算是认识问题吧，那么你至少也承认了，你极力要在中国推广的转基因主粮品种，是有美国公司的专利的，对不对？这个专利起了作用以后，它会不会对我们的种植产生后果呢？种植它的农民，我们的消费者，我们的国家，在这个专利的面前，我们的经济利益是不是会受损失呢？

我们看到，企图推广转基因主粮的人，面对媒体时总是回避这个专利问题。反正我没看见谁正面地回答过我们。如果你心里没鬼，那你堂堂正正地回答我们呀。

或者说，这里头根本没美国的专利，我们推广了也没美国的利益，就是我们中国的利益。如果是这样，很好，那你告诉我们的公众，那不是大家就没疑虑了吗？有人这么说过吗？没有。

那么如果有美国公司的专利，你承认行不行？当然他也不承认。有一次，一家著名周刊▼做了一个立场中立的长篇报道，讨论转基因主粮问题。既采访了包括我在内的几位持反对态度的学者，也采访了那些试图在中国推广转基因主粮的科学家。

第四讲　转基因主粮

其中，记者就明确地问了一位科学家，说对于在这三种转基因主粮中的外国公司的专利，你怎么看？我们这位科学家的回答是：我们在中国种植的转基因棉花▼都是我们自主的知识产权，种植以来从未发生过国际纠纷。

你若是去读这一期的杂志原文，读到这里你难道不会觉得很奇怪吗？记者明明问他的是转基因稻米的专利问题，没有问他转基因棉花的专利问题呀，他不回答稻米的专利问题，忽然讲棉花干什么呢？

当然，我们可以解读，因为稻米品种中确实是有美国公司的专利。所以你可以理解为这位科学家其实是在说一个正面的例子。也就是说，你看，没有外国专利的棉花，我们种植了以后是没有国际纠纷的。那么你是不是可以理解为，他的言外之意是，有外国专利的稻米，如果我们大规模商业种植以后，就会有国际纠纷了呢？对

▼
《三联生活周刊》2014年1月8日刊文《为什么反对转基因》。

▼
原文为："抗虫棉我们拥有自主知识产权，种植扩大后，从来没有发生过国际纠纷。孟山都、先锋反而都提出愿意与我们一起合作研究。"

啊，事实就是这样的。

围绕转基因主粮的争论，首先不是科学问题

如果我们把这几方面的情况都考虑了，那么我们现在就能看到，这个争论实际上是不是一个科学问题呢？那些试图在中国推广转基因主粮的人，很乐意把这件事情说成是一个科学问题。为什么呢？说成科学问题之后，广大观众就没有发言权了，因为你们不懂转基因这件事情。他们有一个逻辑，说这些问题只有专家才有发言权。那么谁是专家？当然就是研发转基因主粮的人，要在中国推广转基因主粮的人，他们才是专家。

如果我们同意这样一个逻辑的话，那么就变成只有他们才有发言权，其他中国公众都没有发言权。他们这少数几个人想让中国人民吃什么稻米，中国人民就应该吃什么稻米，这是什么逻辑？

在这类有争议的科学问题中，发言权必须从所谓的专家的垄断中解放出来。我们不可能同意只有专家才有发言权。

有的人说，那怎么办，你不懂的你也发言，有什么价值吗？当然有价值。发达国家遇到这类科学争议问题的时候，通常遵

循的原则是什么呢？只要是谁的利益或者安全被牵涉到了，这个人就有发言权。如果你试图在中国推广转基因主粮，那就是说，中国广大公众都有可能要在他们的餐桌上吃转基因稻米了，他们的安全和利益就被牵涉到了，他们就有发言权。你不能因为你是专家，就有权把这个发言权垄断在你们少数几个人手里。

广大公众有发言权，并不意味着广大公众如果说错了话我们也要听。你这个发言当然要符合科学知识，如果有人发言错误，你可以驳斥，科学家本来就有义务向公众解释有关的科学问题。你当然应该解释到公众接受了为止。

如果你在实验室里研究转基因技术，如果这件事情暂时不涉及其他公众的利益和安全，那就用不着公众同意。可是当你想把一种主粮商业化地推广到全国人民的餐桌上的时候，全国人民的利益和安全就被牵涉到了，因此全国人民都有发言权。

我们最后再回到安全问题上来。某些专家不是特别愿意谈论转基因主粮的安全问题。刚才我们说了，转基因主粮没有优越性，而它背后有多少外国公司的专利所体现的利益格局，这两个问题是更前置的问题，我们现在应该先解决这些问题。在这些问题解决了之后，我们再来决定要不要在中国推广转基因主粮。如果我们看到转基因主粮在增产和降低农药使用上没有什么优越性，我们又看到了转基因主粮的背后有外国公司的大量专利，那我们的结论就是：现阶段不需要在中国推广转基因主粮。

如果结论是转基因主粮不需要在中国推广，那它安不安全，也就不一定要忙着讨论了吧！只留下科学家在实验室里讨论就够了，广大公众就不用讨论。

有争议的事情本来就用不着急着推广，何况你推广的理由在哪里呢？你推广的背后还有那么多不愿意对人说的外国专利之类的事情。

在这样一个案例中，我们可以看到，科学和利益集团之间的关系是非常明显的。

〔第五讲〕

核电

现在常见的那些核电科普，总是避而不谈核废料放到哪里去，避而不谈核电的那些致命问题，继续重复"核电安全、清洁、高效"这样的老生常谈，这种只报喜不报忧的科普，实际上是对公众的不负责任，也是对国家的不负责任。

第五讲 核 电

5

核电是我们大家很熟悉的东西,在常见的科普中我们经常看见的一个说法是,核电是清洁、安全、高效的。这是关于核电的科普读物里经常要讲的。

围绕核电其实有很多争议,但是通常我们从一般的大众读物上,从科普读物上,看到的都只是一面——就是只从正面讲核电。实际上,围绕着核电的争议是非常多的。

核电安全、清洁、高效吗

我们可以先介绍戈尔的观点。戈尔作为美国的前副总统,他自己也是一个成功的商人——他是属于所谓的新能源集团的。照理说，这个集团的人应该对核电保持比较积极的态度，但是在戈尔最近的几本著作里，他对核电的态度是越来越悲观。

到了戈尔最新的那本《未来：改变全球的六大驱动力》（*The Future：Six Drivers of Global Change*，2013）里，专门有一章讨论核电，他的结论是：核电的前景已经暗淡了。

戈尔提到一件事情，他说现在在美国和欧洲，你找不到任何一家公司愿意为你估算一个核电厂的成本。为什么这件事情找不到人来做呢？是因为核电厂的成本是难以估算的。当我们说核电是清洁、安全、高效的时候，当然意味着从成本的角度看它是一个非常合算的事情。现在说找不到一家公司愿意估算一个核电厂的成本，这个说法和我们习惯的说法是完全不同的。

这里我们就需要对核电做一些分析，这样我们才能对核电问题有比较正确的认识。核电在世界上使用的历史，也就半个世纪多一点，最早是在美国开始用的，后来它开始向国外出口核电设备。

核电的清洁、安全、高效，这些说法实际上几乎每一个都是有问题的。

第五讲 核　电

核电的安全问题：核废料 ▼ 的存放

先说核电的安全，这是最重要的。我们先得讨论核电的安全。如果不安全，它即便清洁、高效，也没人敢用。

核电到底安不安全，很多谈论核电安全的人，比方说你去听一个核电专家跟你谈论核电的安全的时候，他们通常都是在谈论核反应堆以及它后续发电设备的安全。确实在这个事情上，虽然迄今的记录也不好，世界核电已经至少发生过三次非常严重的灾难了，但是总体来说，因为研究核电的技术把很大的精力都投放在反应堆运行时候的安全上，所以当核电专家和我们讲这方面安全的时候，通常他们是言之有据的。确实一代一代不断改进堆型，安全系数也是有所提高的。

但是核电专家们经常避而不谈的、核电的最不安全的事情在哪呢？现在来看，

▼
从技术层面来看，核废料主要分为高水平放射性废料和中、低水平放射性废料。高放射性核废料主要包括核燃料在发电后产生的乏燃料及其处理物。中、低放射性核废料一般包括核电站的污染设备、检测设备、运行时的水化系统、交换树脂、废水废液和手套等劳保用品。

现有的核电技术中最不安全的问题，是核废料的存放问题。核电运行之后，它每时每刻都会产生放射性的核废料，这些废料需要被存放在一个安全的地方。

由于这些废料的放射性危害性很大，比方说在废料中最主要的成分之一的半衰期是 24000 年，这意思是说经过 24000 年，它的放射性才会下降为现在的一半，而一半的放射性还是非常致命、有高度危害的。所以你要等它的放射性自动衰减到安全的程度，还不知道要等多少年呢。

因此，核废料必须被安放在一些安全的地方，现在核废料通常是放在哪里呢？通常都是放在核电厂，设计的时候事先规划好的临时堆放核废料的地方。但是由于核废料是高放射性的、危险的，所以即使是临时堆放的，堆放场所也是事先设计好的，它有一定的容量。但事实上这种设计，它最初的想法是临时放一放，过一段时间以后，这些核废料就会另外放到一个专门堆放的地方去。而事实上，专门堆放核废料的地方，到现在都没有找到过。

最早的时候，美国和日本他们采取的是把核废料装进一些金属桶里，丢到深海里去。这些铁桶的设计寿命是 50 年。当年写《寂静的春天》(*Silent Spring*, 1962) 的蕾切尔·卡

第五讲 核 电

逊▼（Rachel Carson），她写过另一部著作《海洋传》（*The Sea Around Us*, 1960），那是一部讲海洋的著作。在这个著作的后面她就特别有一节谈到了海洋里的核废料。她说这些设计寿命为50年的金属桶沉入深海之后，过了50年，因为海水中腐蚀性很大，这些金属桶就会坏掉，桶里面的核废料就会散出来。而海底是有洋流的，这些散出来的核废料就会随着洋流逐渐地分布到地球的其他地方去。另外海洋中的生物，它们也会把这些东西带走。她写那本书的时候到今天已经超过50年了，所以当年设计的那些金属桶，我们现在可以设想，实际上它们在深海里已经坏掉了，实际上那些核废料已经扩散了。

所以后来联合国就通过了一个类似于决议的文件，它被叫作宣言，实际上是有一定约束力的，就是任何国家都不准再往深海放核废料了。

▼
蕾切尔·卡逊（1907—1964）美国海洋生物学家。

▼

自 1987 年以来，美国《核废物政策法》将内华达州的尤卡山列为处置乏燃料和高放废物唯一最初的贮存库。美国能源部在 2008 年向核管会提交了建设许可证申请，但美国政府在 2009 年总统大选后决定中止该项目。

▼

青森县（Aomori-ken），日本的长寿县之一，自然环境优越，位于日本本州岛最北端，三面临海，被太平洋、日本海、津轻海峡包围，县域土地面积居日本全国第 8 位，森林覆盖率近 70%，是日本屈指可数的食品宝库。据日本时事通信社 2014 年 1 月 7 日报道，日本原燃株式会社 7 日就在青森县六所村兴建核废料再处理工厂事宜，向负责日本新限制基准安全审查的原子能管制委员会递交了开工申请书。

　　从那以后，美国提出了所谓的"尤卡山计划"▼，就是在内陆找一个废弃的矿井，把核废料深埋到地底下。这个计划好是好，但是这个计划遭到了当地民众的坚决反对。为什么要把危险的放射性的东西放在我们州里呢？由于这类涉及环境的问题，公众的反应通常都是坚决反对的，弄得这件事情迁延不决。到了现在，各个核电站临时性堆放着的核废料加起来，据美国有关学者的估算，早就已经把"尤卡山计划"设计的空间全放满都不止了，而仍然未能存放过去。

　　日本做过类似的事情，原来也是丢在海里，后来美国人不丢了，联合国也不让丢了，日本人也想找一个地方去放，找了一个叫青森▼的地方，同样遭到当地民众的坚决反对，也不让放。几乎所有国家都有这个问题，核废料没地方存放，而核废料是每时每刻都在产生出来的。

第五讲 核 电

核电站只要一运行,核废料就会产生。现在全世界几乎所有的核废料,都堆积在各核电厂的临时堆放处。根据《南方周末》上介绍的情况,到2015年,中国所有在运行的核电厂的核废料临时堆放场所,就全部放满了,饱和了▼。而往内陆某个地方去堆放的事情,同样遇到困难,因为当地省份也不愿意接受这个东西。不过中国的社会治理能力很强,在全国一盘棋的思想指导下,据说这个问题已告解决。

但从全球范围来看,在现有核电技术下,核电最致命的问题,就是核废料问题。在这个问题没有理想解决方案之前,核电的"安全"和"清洁"就都谈不上。

有的人觉得用煤用油的发电厂,烟囱里冒出黑烟来,他看见了说这个黑烟不好,污染,核电厂就没有这个东西。那只是因为放射性污染是没颜色没气味的,你看不见而已。核电厂的放射性污染,表面上没

▼
原文名为《秦山库满》:"根据2000年初秦山核电联营公司的一项测算,2015年是秦山核电站中低放固体废物暂存库满容的'大限',年中低放固体废物逾1000立方米。而2010年来自环保部核与辐射中心的数据,则把库满时间提前到了2012年。"

有黑烟那么引人注目，但是它实际上是存在的。核废料是这种污染中最突出的部分。

核电的安全成本

除了核废料问题，核电厂其他设施的安全也是一个问题，为什么找不到一个公司愿意来估算核电厂的成本呢？因为这是和核电厂的安全性直接联系在一起的。迄今为止，世界上的核电厂发生过三起称得上灾难的事件：美国的三里岛事件▼、苏联的切尔诺贝利事件▼、日本的福岛事件▼。这三个灾难都不是核废料造成的，都是核反应堆本身运行过程中产生的问题。你想想看，从这三次灾难上看，这个行业的安全记录已经不好了，所以它的安全成本怎么估算呢？

我们以前看到的核电的科普，我们是这样来计算核电的成本的，我们说一个核反应

▼
1979年3月28日凌晨，美国宾夕法尼亚州多芬县的三里岛核电站发生了核泄漏事故，该事故在国际核事故分级中的严重程度达到5级（最高为7级）。

▼
切尔诺贝利核事故是一件发生在苏联统治下乌克兰境内切尔诺贝利核电站的核子反应堆事故。1986年4月26日凌晨，乌克兰普里皮亚季邻近的切尔诺贝利核电厂的第四号反应堆发生了爆炸，该事故是首例被国际核事件分级表评为7级事件的特大事故。

▼
2011年3月11日，日本地震引发福岛第一核电站核泄漏。

第五讲 核　电

堆的造价是多少多少钱，核电厂的发电机组、厂房以及各种附属设备是多少多少钱，然后我们来计算这个装机容量，达到了设计标准的时候，核电厂每年发电多少多少千瓦时，每千瓦时的电是多少多少钱。现在我们把每年发的电的总量乘上每度电的钱，一算每年创造的利润是多少，然后我们再拿这个利润去比核反应堆的成本，核电机组的成本，厂房、附属设备的成本，我们将得出结论说，核电厂是非常经济的，很短的时间里成本就回收了，现在就挣钱了。

在你这样计算核电成本的时候，你完全没考虑到核电的危险性，以及为这些危险性怎么支付成本。比如说，在刚才那种成本计算里，就没有考虑核废料怎么堆放的问题。为了堆放核废料，你又要花什么成本？他也没有考虑过。核电厂一旦出了事故之后，善后的成本，这就好比车险，你养一辆车，每年要买车险对不对？你的

▼
2011年4月12日，日本原子能安全保安院根据国际核事件分级表将福岛核事故定为7级。

车险和你的行车记录有关,你要是行车老是出事故,你的车险就会变得高。

如果我们把核电比作一辆车的话,我们把那三次灾难比作他已经撞死了三个人的话,那你想想看这个人的行车记录那么坏,他的车险是不是要非常高?事实上核电厂出了事故,谁来替他善后呢?都是政府出来善后的。政府拿社会的财富来替它善后,因此没有人能够计算核电的成本。一个核电厂如果出事,政府出来给它善后,这个成本就无法计算了。比方说,日本的福岛核电站出了事故,直到今天,善后还没善完呢,政府还在那里替它埋单。你如果这样来考虑核电厂的成本,怎么估算法呢?这就是为什么核电厂的成本没有人愿意来估算的原因。

平井宪夫 ▼ 遗著中揭示的问题

日本有一个核电技师叫平井宪夫。因

▼
平井宪夫(1939—1997),日本反核电专家、工程师。曾参与核电站建设20余年,生前遗著《核电员工的最后遗言——福岛事故十五年前的灾难预告》,因揭露了福岛核电站的灾难真相而受到关注。

为他常年在核电第一线工作,后来在工作中遭到了辐射,患了癌,于是他就变成一个反核电的人士。在他生命的后期,他不停地到处演讲,呼吁要废止核电。等到福岛核电厂这个1号机组出事故的时候,人们想起他来了,这个时候平井宪夫已经死了15年了。人们想起来,他15年前留下过一部遗著,他在那个遗著里明确说过,福岛这个1号机组早晚要出事的。

为什么呢?因为他参与过这个1号机组的检修工作。平井宪夫作为一个在核电第一线工作的技师,他提出了一些非常重要的问题,但那时候可能没有太引人注意,后来因为他预言了福岛这个1号机组的事情,所以大家就又重新关注了。平井宪夫那个临终遗言现在也有中译本,《核电员工的最后遗言——福岛事故十五年前的灾难预告》(人民文学出版社,2011)。

在这个遗言里,平井宪夫提到了这样一个问题。他说核电检修的时候,经常是需要在有放射性的环境里进行的。虽然也有防护措施,比方说你要穿上各种防护的服装。但是你知道你是在有放射性的环境里工作,你的心情就会变得非常坏。所以很多纸上设计好的头头是道的防护措施、安全措施、操作规程之类,等到实际做的时候就会大打折扣。因为人在那种环境里,他是非常害怕的,他不能好好地工作。

他举过一个例子，他说有一次某核电机组的一个螺丝松掉了，这个螺丝就位于放射性的环境里，必须要人进去拧它。人在那个环境里，据说能够安全待着的时间只有多少秒，很短的，一分钟都不到，为此动用了几十个人，轮流进去，每人进去操作一下，赶快再出来。有的人进去扳手还没拿稳，时间就到了，又出来。为了要把这个螺丝拧紧三圈，就进去了400人次，花了多少钱，反正在正常环境里就是鸡毛蒜皮的一件事情，就得小题大做到这种程度，这才把螺丝拧紧了。

由此可想而知，你去进行核电检修的时候，其实是非常危险的。他说东电（运营福岛核电厂的公司）总是在冬天农闲的时候，招募当地的农民和渔民作为临时工，去做那些检修。他们自己的职工都不愿意进去。因为知道这个东西总是有危险。像这一类的危险其实大家都已经知道了。当然你严格地执行某些操作规范，严格地掌握时间，加上防护措施，还有什么补贴，等等。总之，在这个行业里，危险性大家都是知道的。

另外，核电还有一个问题也很致命，就是核电厂是关不掉的。

这个世界上如果有一种工厂，开工容易关闭却难的话，那就是核电厂。

第五讲 核 电

核电厂为什么很难关掉呢？因为这个核反应堆一旦启动之后，它是停不下来的。你如果一定要停掉它，你就要反过来用外面的电力冷却它。所以停堆以后就要冷却，这个冷却至少要冷却50年它才会停下来。现在福岛1号机组的堆出了事故被强制停下来了，到现在为止一直在那里用电冷却它。

当年福岛1号机组设计寿命早就到了，照理它就应该停掉。平井宪夫在书里揭露，东电方面一想，如果停掉了，以后就要倒过来为它付钱了，你核电厂运行的时候，发了电挣钱，等到你要把它停掉的时候，很大一部分钱你又得吐出来了。你又得把电倒过来用在它身上，给它冷却。东电就觉得这事很不合算，他们就去把美国技师请来——因为他们的这个反应堆就是从美国买来的，让美国技师给他们大修一遍，大修以后继续超期服役。所以平井宪夫才会预言说它早晚要出事的，果然后来就真的出事了。

所以很多核电厂开始发电的时候，人们觉得它很好，但是后面两个事情都很麻烦：一个是一发电，每时每刻都在产生核废料，核废料没地方放，这是第一个问题；第二个问题是寿命到了要关掉的时候，又变得很麻烦。因此现有的核电技术，实际上在民用上面是相当危险的。

还有一种说法，说有核电厂的地方就没有国防可言了，因为如果战争的时候敌人只要轰炸核电厂，放射性的东西立刻都跑出来，你就完蛋了。就福岛那么小一件事情，弄得日本到现在都还未能收场。

在这个问题上，比较好的策略是，我们应该继续研究它。就像我们不反对在实验室里研究转基因技术一样，核电技术当然应该继续研究。如果它的安全性能够得到很大的改善，我们应该承认核电确实是我们能源的比较有前途的出路之一。戈尔之所以说它前景暗淡，是因为它的安全问题未能解决。在这种情况下，把安全问题综合考虑以后，它作为一种主要能源确实是有问题的。

核电站选址的约束

这里我们还得考虑另外一个问题，就是核电在现有我们经济生活中的必要性。

很多人以前在这个问题上有一些比较简单的认识，觉得核电就是现代化的象征，所以我们很多省长觉得自己省里得有一座核电站。前些年有一个段子说，市长们说要是自己的市里没有一条地铁的话，名片都不好意思给人家递啊！地铁是城市的标配。现在在很多省长心目中，核电站就是省里的标配。我们省要是没核电站就显得我们不现代化，没有就不好。所以都还争着要在自己这里上核电站。

实际上许多地方你想争也争不了，为什么呢？核电是有很多约束的。如果我们今天打开中国的核电站地图，你就可以看到几乎所有的核电站都集中在东部沿海那一带上。既然你觉得不安全，为什么不在西部地广人稀的地方造核电站呢？那不是安全性就好了吗？实际上不能在地广人稀的西部造核电站。为什么呢？

第一个原因是核电站极大地依赖于水。我们东部沿海地区相对也是水资源丰富的地区，所以我们能消受核电。你要是跑到中西部本来就缺水的地方，哪来水让你用呢？这是核电站选址的第一个问题。

第二个原因是电发了还要输电。在遥远的中西部发出电来，当地用电量是很少的。巨大的用电量在东部发达地区，你还得把电输过来。虽然在长距离输电这件事情上，中国现在已经在国际上非常领先，但是毕竟长距离输电是要成本的。所以你如果要把发电厂建造在用电的密集地区，显然输电成本就小；造到西部去，输电成本就变得很高。

第三个原因是，核电不像别的东西，核电是一个要求工作人员昼夜看护的东西。随时都得仔细看护着它，监控各种各样的仪表，误操作了还可能出事。所以它对员工的素质有一定要求。你如果在西部地广人稀的地方建核电站，你很难在当地招募到足够的技术工人，那你还得从东部派过去。那你想想看，谁愿意跑到地老天荒的地方去，长期在那工作？那你肯定又得实行轮班到那里去，付高额津贴，这样人家才可能愿意去。去上半年就得轮班回来，这个成本也非常高。

所以综合考虑之后，你就看不到把核电厂建到西部去的可行性，至少这种例子现在还很少吧！

核电的必要性争议案例：台湾地区的"核四"争议

最后，我们还必须得讨论民用核电到底有什么必要性。

很多人想当然地说：我们的煤不是要烧光吗？石油不是要用完吗？那我们不指望核电，还能指望什么？

这样的想法可能是对的，从长远看可能是这样。但是煤和石油用完的时间到底在哪一天呢？

第五讲 核 电

在福岛核电站的灾难出现之后，一些欧洲国家就表示要弃核了。比如说，德国就表现得最明确，它给出了明确的时间表，要关闭它境内的全部核电站，从此它就不再用核电。有的国家是现有的核电站让它运行着，但是不再造新的核电站了，因为觉得这个东西危险。这样看来，你到底在多大程度上需要造核电站，这个问题是值得讨论的。

这里我们简单地举台湾地区的例子，当作一个个案来分析。台湾地区以前有三座核电站▼已经在运行了。近年来围绕着第四座核电站的建设问题反复争议，"核四▼"问题变成一个蓝绿阵营争议的焦点之一。

因为绿营是提倡要建设"无核家园"的，所以陈水扁一上台，就停掉了"核四"的工程，不拨款了。等到马英九上了台，又要重新恢复"核四"建设，结果又有许

▼
分别为核一厂、核二厂及核三厂，每厂各有2部机组。核一厂1号机运转执照在2018年12月5日到期，2号机将于2019年7月15日到期，台电已着手进行除役准备。据中国香港中通社2019年3月18日电，台湾"环保署"18日举办核一厂解除服役计划第三次环评初审会议，最终全案建议通过审查，将送环评大会，若环评大会通过，当局将正式发出除役许可，必须在25年内完成除役。

▼
台湾核四厂坐落于新北市贡寮区，自1980年规划，1994年动工，耗资2838亿元新台币，2000年10月停建，2001年2月复建，只进行了1号发电机组测试，尚未启用。

↓

> 2015年正式封存,2018年7月、9月分批运出燃料棒。

多人反对。绿营反对不算,蓝营也有人反对,最后马英九就说他要"'核四'公投",要全岛公投,让大家来决定到底造不造,如果你们投下来不造也就算了。这个当然也是一个办法。然而接下来又政党轮替了,到底"核四"造不造呢?

岛内那些反对造"核四"的人,他们提出一个问题:说我们现有的核电,在我们发电总量中占的百分比是多少?在台湾地区,现有的三个核电厂发的电,占它总发电量的18%,而全岛的总发电量是有一个余量的——通常都是这样的,这个余量,就是我能发的电,肯定要大于我现在实际上发出的,为的是准备现在电网中某一部分出故障的时候有备用的。在他们那里,备用的部分达到现有用电量的20%以上。因此反对核电的人就说,我们现在即使把三座核电站全部关掉,只要动用备用发电量里的一部分,也够全岛用电。因此本来就不需要核电。

他们还举了日本的例子。在福岛核电站出事之后，日本把几乎所有的核电站都停了，全面检修。所以东电就对日本公众宣传说，我们要过一个电力短缺的夏天。日本人自己也是这么准备的。在那个夏天，他们拼命节电，等到夏天过了，东电发现，他们用电比东电原来计划的还要少。也就是说，你真的要节电的话，你就可以少用很多很多电，你的用电量可以大大减少。

那么在我们中国大陆地区来看，至少根据前些年我们官方的数据，我们这里的核电只占我们总发电量的1.4%，这个占比是非常小的。我们计划要很多年后，才把这个占比扩大一倍，但扩大一倍后也还不到3%。那么我们的电网肯定也有一个备用的发电量对吧？这个量我没查到，也许它是保密的。但是你可以设想这个量肯定会远远超过1.4%，这是可以肯定的。

所以参考中国台湾和日本的情况，用到中国大陆这里来，也是类似的，即使没有核电，现在的电力其实也是够用的。也就是说，发展核电这件事情，至少在现阶段并不是一个火烧眉毛的事情。所以是不是需要那么急迫地发展核电？这个问题完全是可以讨论的。

对待核电的正确态度

如果我们把更多的力量投入实验室的研发中,争取把核电那几个致命的不安全问题解决掉,或者至少在较大程度上解决掉,那么我们再来广泛使用核电,那就比现在的情况要好多了。

然而现在常见的那些核电科普,总是避而不谈核废料放到哪里去,避而不谈核电的那些致命问题,继续重复"核电安全、清洁、高效"这样的老生常谈,这种只报喜不报忧的科普,实际上是对公众的不负责任,也是对国家的不负责任。

科学家应该把国家利益、人民利益放在最高位置,而不是把自己所属的部门利益放在前面,只想着快点上马核电的大项目,拿大单。如果把国家和人民的利益放在最高位置,那向公众普及相关科学知识时,至少也应该既报喜也报忧,应该把两方面的情况都告诉公众,这才是认真负责的态度。

〔第六讲〕

基因技术的危险前景

我们现在的生活中已经开始有人逐渐地去接近这个禁区，甚至开始尝试去跨越这个禁区。随着基因检测的报告变得越来越廉价、越来越流行，未来最严重的问题就要出现，那就是基因歧视。

第六讲 基因技术的危险前景

6

基因技术也是我们已经非常熟悉的一个话题。

通常在媒体上和在科普读物上，我们看到的都是对这个事物的美好前景的描述。比方说前些年人类基因组计划▼，现在一直在进展中，媒体就告诉我们说，我们一旦把这本天书读通以后，它会对我们人类带来极大的好处。比如说，经常谈的一个好处是，可以用来治病。只要一查你的基因就知道你病在什么地方，就可以治，还能预防你的疾病。

▼
人类基因组计划（Human Genome Project, HGP）由美国科学家于1985年率先提出，于1990年正式启动。美国、英国、法国、德国、日本、中国科学家共同参与了这一预算达30亿美元的人类基因组计划。

↓

> 这项规模宏大，跨国跨学科的科学探索工程宗旨在于测定组成人类染色体（单倍体）中所包含的30亿个碱基对组成的核苷酸序列，从而绘制人类基因组图谱，并且辨识其载有的基因及其序列，达到破译人类遗传信息的最终目的。人类基因组计划与曼哈顿原子弹计划、阿波罗计划并称为三大科学计划。

基因技术的伦理风险之一：基因歧视

当这些搞基因技术的科学家以及一些媒体向公众描绘基因技术的美好前景时，他们完全没有考虑到基因技术的另一方面，其实是极其危险的。实际上人类现在研究的很多高科技的东西，如果真的用玩火来比喻的话，那么现在在玩着的最危险的两把火，一把是人工智能，还有一把就是基因技术。

这把基因技术的火为什么危险呢？一个是一些科学家自己也谈到的，如果你对基因动手脚，你就扮演了某种类似以前人们所说的上帝的角色。你动这些手脚之后，可能有不可预测的后果，可能有不可控的危险。这方面的问题，当然在现阶段你可以看成只是纯粹的科学问题：因为科学是

第六讲 基因技术的危险前景

有局限性的,所以你这么做会有一些不可预知的后果。这也确实是风险,但这种风险还不是我们这一讲要讨论的。我们这里要讨论的风险,主要是来自伦理道德方面的危险,而且这种危险是现在就已经非常明确的。

当人们歌颂解读人类基因组的天书,说我们看了这本天书就可以用来治病的时候,它在伦理道德方面的风险其实已经变得非常明显,但是很多人没有注意到这一点。

那些搞基因技术的科学家,其实自己心里是知道的,他们知道这件事情玩下去就会出问题,但是他们不愿意说出这一点。为什么?因为他们要争取更多的社会资源。比方说,要拿更多的项目,要得到更多资助的时候,他们当然不愿意说自己所做的研究具有伦理道德方面的危险性。这些危险性他们自己心里是知道的,但是他们不说。

如果是一个比较善良的科学家,他可能希望自己悄悄地知道就行了,自己研究的时候尽量不让它出这个风险就行了。当然也可能有道德败坏的科学家,他才不管,他明明知道有风险,他想的是怎么样能够操控这个风险,让自己更大地获利,那不是更好吗?所以这种事情背后的动机我们是没办法说的,我们只能看客观上产生的后果。

客观产生的后果是什么呢？你现在通过一个基因检测就能知道这个人的健康状况及其前景。仅仅这一点，它的风险就是非常大的。推荐大家去看一部有名的科幻电影，中文片名译成《千钧一发》（*Gattaca*，1997）。

这部电影所想象的未来世界，人们哪怕从你的一根小小的毛发上、一小片皮屑上，就可以知道你的基因的全部信息，然后你的疾病的情况什么都能知道。这部电影所想象的前景其实现在技术上几乎已经能做到了。问题是在这样的前景下，这个社会就变得很成问题了。首先它是不公正的。在那个世界里，老百姓自己如果是基因不好的，那么他在就业、恋爱、买保险等一切事情上，都成问题。别人一看你基因不好，你容易生病，那你的保金就要比别人更贵。你来求职我就不愿意雇用你，你要拍拖人家也不愿意接受你。

这只是一个风险。另一个风险是，既然我们对天书已经掌握得那么好，在这种情况下，我们当然可以对它动手脚。所以富人就可以在付很多钱之后，对他的后代在基因上动手脚，让他的后代更优秀。他甚至可以对自己动手脚，让自己在智力、体能等各方面都变得更优秀。由于做这些事情的成本很高——至少一开始的时候会如此——所以有钱的人可以做，老百姓是

第六讲　基因技术的危险前景

做不了的。那这样一来，有钱的人能够通过出钱让自己变得更优秀，于是贫富的分化就会更严重。因为他更优秀了，他不是更容易胜出了吗？他攫取财富也就比别人更容易。所以在这样的前景下，这个社会的公正实际上是很难保证的，它最后肯定是向有钱的阶层倾斜。这个已经在西方一系列科幻作品里表现过。

也许你觉得这只是科幻作品，好像是假想的，但其实现实中已经出现了类似的事情。前几年媒体上就有报道，上海出现了首例新一代的试管婴儿▼。这个新一代试管婴儿和以前的不同在哪儿呢？它现在是这样：我们对这对夫妇，已经可以给他们弄出 N 个胚胎来，然后事先做基因检测，把那些不好的胚胎拿掉，最后留下一个完美的胚胎，让它植入子宫里怀孕。将来这个孩子生出来，肯定是健康的，没问题的。这样的事情，目前在我们这里是

▼
2015 年 2 月 2 日，在上海市红房子妇产科医院集爱遗传与不育诊疗中心，上海首例胚胎植入前经全基因组筛查的婴儿诞生，此前该中心已用胚胎植入前诊断（PGD）培育了 47 个试管婴儿。

作为正面事物来报道的。它是合法的,也被当作一个科技进步的成功例子。

其实在这个例子中,事情和刚才说的《千钧一发》电影里的情形已经非常接近了。这个例子不就是你去干预了——你筛选了吗?假定做这一类的试管婴儿的整套程序——报纸上没有说要花多少钱,我们不知道要花多少钱——假定说它是非常昂贵的,那么肯定有钱的人才会去这样做,对不对?他可以挑选,让自己的后代变得更优秀。这样做从社会公正的角度来说,当然是有问题的。况况且挑选胚胎,和对胚胎的基因动手脚,只是一步之遥。

基因歧视:
基因技术对社会公平的威胁

有一阵子在国内很火的桑德尔▼(Michael J. Sandel),他就是因为讲

▼
桑德尔:哲学家、哈佛大学讲席教授,美国人文艺术与科学学院院士。

第六讲 基因技术的危险前景

一些关于公正公平之类的公开课而著称的。他有一本著作叫作《反对完美：科技和人性的正义之战》(*The Case Against Perfection, Ethics in the Age of Genetic Engineering*, 2007)。这部著作中强调的就是这件事情。

在基因技术越来越容易掌握并且越来越普及的情况下，现在对一个人做基因检测，本身已经是很廉价的一件事情。桑德尔认为，人们就可以通过基因技术来追求自己肉身的完美。而在这种追求完美的过程中，首先有钱的人更能够得到完美。有钱的人付得起钱，他就可以在这件事情上得到更好的服务，有钱的人就会更容易胜出，结果社会就会不公平。

如果这个技术不是那么昂贵，比方说大家都做得起，都可以去做了，同样会引发问题。如果所有的人都能够让自己的后代变得完美无缺甚至对自身基因动手脚，让自己变得完美的话，那么对社会资源的争夺必然会加剧。

有人向公众展现这样的前景：通过在基因上动手脚之后，我们还能够让人的寿命极大地延长，因为它会让你变得非常健康，甚至有人已经开始展望永生的前景。

要是人类有永生的前景，好不好呢？其实人类以前也一直想让自己永生，至少有很多人觉得，永生对他有极大的吸引力。

但是所有这类长寿、永生的展望,其实都有公平问题。谁能长寿?谁能永生?是不是有钱的人就有权长寿,有权永生?

如果我们用制度决定了只有精英才能永生,那谁是精英?谁来认定?

如果大家都能永生,永生的事情也变得很廉价的时候,人类对生存资源的争夺,必然就会成倍地加剧起来。到时候社会会怎么样?现在我们根本没有为这方面设计好制度。比如说,你现在能设想,未来社会每个人都是永生的,这样的社会,要用什么样的制度来安排保障,这个社会才能和谐?

所以在这些事情上,不是说不能做,但需要先设想好制度安排。如果有一天人类也做到了,可以让自己普遍地长寿或者永生了,那我们必须在这之前先要有制度安排,先要对这些东西设计好制度,然后你再来放手追求技术上的进步,那么这个进步就不太容易出乱子。

有很多人说,制度永远是滞后的,总是科学走在前面。他们说,是科学推动了人类历史的发展。以前确实是这样的,因为以往科学的记录总体来说是不错的,你看见它推动了社会的发展。但是以往的科学并没有走到基因技术这个领域中去,走到这个领域中去的时候,如果你仍然不把伦理道德的东西放在

第六讲 基因技术的危险前景

前面先想好,就会产生问题。

比如说现在世界各国都有类似的法律禁止克隆人。为什么要禁止克隆人呢?因为克隆人的伦理道德的问题太明显了,你不用深入思考,你也知道它会产生问题。所以各国目前是禁止克隆人的。但是经常有一些科学家,他们无视这种伦理道德的戒律,已经不止一次有西方的科学家对媒体宣称自己已经搞克隆人了▼,而且已经成功了,某个克隆人已经活着了。而且,这些科学家认为,克隆人这件事情也是不能阻挡的。

"不能阻挡"是什么意思?到时候你就让这个东西弄出来吗?也就是说,你有这个制度也还不一定能够得到遵守,更何况没有这个制度呢。

我们可以举两个例子。

我们国家对于胎儿生育前做性别检测,现在是有约束的▼,对不对?因为

▼
法国媒体 2009 年 3 月 3 日报道,备受争议的意大利妇科专家安蒂诺里近日再次爆出惊人之语,称他已制造出 3 名克隆人,如今已 9 岁,目前生活在东欧。(解放网-新闻晨报 2009 年 3 月 5 日刊)

▼
2014 年 12 月 26 日国家卫生和计划生育委员会等十四部门发《关于加强打击防控采血鉴定胎儿性别行为的通知》(国卫家庭发〔2014〕90 号)

很多人一旦检测出来胎儿是女的她就不要了，她要把她流掉，重新怀孕。我们认为采血鉴定胎儿性别至少在国家的法规上是不被允许的，但实际上，一直有人悄悄在做这样的检测。也就是说，国家即使颁布了这种法律法规，实际上它能在多大程度上得到遵守，也很成问题。

又如，还在克林顿▼当总统的时候，他就签署过一个法令：在美国不允许因为基因方面的问题而影响对一个人的雇用。但这个法规是有例外的，例外是军事方面的，也就是说在军事方面，比方说部队里或者什么军事机构里，是允许根据基因来判断的。当然这个意思肯定是希望让美军的战士基因都好，都健康，但是至少对于平民，这里是有限制的，你不能因为有基因方面的理由就不雇用某个人。

实际上，这个法规本来就是针对刚刚我们谈到的《千钧一发》这样的幻想作品

▼
2000年，克林顿总统签署第13145号行政命令《联邦雇用中基因信息歧视》，禁止在联邦政府雇用中基于基因信息或者请求或接受基因信息服务而对雇员实施歧视，要求"一切非军事单位和个人，都不得在人员雇用问题上将遗传信息作为标准"。

里的前景而设置的。那部影片中所幻想的那些技术,现在几乎都已经成熟了,也都可以做了。实际上在我们现在的生活中已经开始有人逐渐地去接近这个禁区,甚至开始尝试去跨越这个禁区。随着基因检测的报告变得越来越廉价,越来越流行,未来最严重的问题就要出现,那就是基因歧视。

在国外的一些非虚构作品中,其实都已经很严肃地讨论过这个问题。他们认为未来我们人类将要面临的一场战争,就是基因歧视的战争。你的基因报告泄露了你的健康信息之后,比方说在这个报告里它会说你在 30 岁的时候患心脏病的概率是 70%,这样一个报告一出来,你去求职的话,人家就不雇用你。如果你要恋爱,对方说你拿基因检测报告来我看一下,一看你 30 岁患心脏病的概率为 70%,那谁还愿意和你谈恋爱?要另外换一个。也就是说,你的这些被基因所揭示出来的健康方面的隐私,一旦被泄露,你在这个社会上就会到处遭到歧视,你的人生将暗无天日。

最重大的隐私,连你自己都不敢窥看

这里我们还没有考虑另一个情形,就是这种隐私你自己知道了会怎么样。我们知道每个人都是有隐私的对不对？但很多人觉得隐私都是对别人说的，一个人对自己来说是没有隐私的，我知道自己的一切事情。其实不是这样的，你身上还有一些隐私，你自己也不知道。比如说，基因检测预言你的健康前景，这就是你自己身上最大的隐私。这种隐私，以前因为我们没有这个技术，我们是不知道的。可是现在你知道这个隐私了，你知道了，你想过知道这个隐私的后果没有？

当你知道了你自己的这个天大的隐私之后，你还能好好地生活下去吗？假定说你是一个18岁的少年，但是基因检测告诉你，你在30岁患心脏病的概率是70%，又比方说它还告诉你这种心脏病死亡的概率是80%，总而言之，是有一个非常大的概率你30岁就要死了。那你一旦知道这个隐私之后会怎么样？你要是29岁才知道，没几天你死期就到了，那就算了；要是你很早就知道了呢？往后这些岁月里，你怎么过呢？

这在一些幻想小说里，人们都已经想过。一个人如果知道了自己这个隐私的话，他往后的岁月里是度日如年的，他觉得他自己只是在那里等死。接着他的行为就乖张起来了，因为他知道自己肯定是不得善终的，他对他的人生就没有正常预期了。比方说他就会变得倒行逆施，或者变得各种病态，都出现了。

第六讲 基因技术的危险前景

所以说，每个人身上的隐私，有些隐私重大到连你自己都不敢看。如果你可以用很低廉的价格去做一个基因检测，让你自己看到了这样的隐私的话，你后面的人生就毁了。至少在人类现有的制度下，在现有的认知和心理承受能力下，这样的隐私是看不得的。

如果你确实30岁会生病死掉，但是在此之前你不知道，你阳光乐观、奋发向上，在你30岁之前，你可能已经做了很多有益的事情，你已经度过了一段美好的人生，到30岁死去也不遗憾，是不是？但你要是18岁就知道了这个前景，后面的12年可能就没法过了。这只是举一个例子。

这些关于你的健康和寿命的隐私，严重到连你自己都不能看。自己都不能看，当然更不能让别人看了。但是如果现在这个技术流行起来，别人要求看怎么办？你求职我就要求看，你想申请入学我也要求看，你想跟我结婚我也要求看，如此等等，那到最后这个社会会变成什么样子？

所以在这种问题上，我经常推荐大家多看科幻作品——科幻电影、科幻小说，那里头这些作家和导演都对这些问题做过非常深入的想象。比方说在电影《千钧一发》里，就想象了在未来世界里，专门有一种做非法生意的人，他替你隐藏你的基因信息，让你能骗过有关部门的检测。到现在为止还没出现这种专门行业是吧？但是如果在那样一个世界里，它当然就会发生。

那么再接着，你的基因方面的各种有关的档案材料，都要想办法黑进去改动等，这一系列后果都很容易想象。总之，你在那样一个社会里，实际上每个人都没有安全感，它是一个危机四伏的社会。

当人们在那里讴歌人类基因组这个东西能够帮我们治病，只说它能治病，不说那么多危险，我们就不知道。我们正面地盼望着，说快点把这本天书读出来吧，读出来以后我们就能治病，我们的健康就能得到更好的保障。但很可能是未见其利，先见其害。治病这个利你还没怎么享受到的时候，基因歧视的战争却已经打响了，社会的不公正已经大面积出现。

所以在这种事情上，是不是要那么急地走到这一步呢？这个问题，当然不光是我们对科学家会提出，其实我们每一个人都应该问自己这个问题：你到底要不要基因技术这种东西那么快出来呢？如果你以前都被灌输了单方面的信息，只知道这些东西好，你当然盼着它们出来，但你不知道其实出来了会有很多可怕的后果。如果你现在知道了，你是不是还盼着它出来？

至少你思考思考这些问题是有好处的。

《关于科学理念的宣言》

前几年，我们中国科学院以中国科学院院部主席团的名义发布了一份《关于科学理念的宣言》，在这份宣言里，要求我们的科学家，要用伦理道德规范自己的科研。这份宣言里甚至明确要求，科学家应该主动评估自己所从事的科研项目会不会对社会造成危害。如果它有可能对社会造成危害的话，应主动向上级报告并停止研究。

这个提法是非常新的。以前我们认为科研是没有禁区的，你愿意研究什么就研究什么，不管它对社会有危害还是有好处，反正先研究起来再说。但是现在这份宣言里是这样要求的：你要评估你研究的东西会不会对社会有危害。

2007年2月26日由李静海同志宣读，原文如下："鉴于现代科学技术存在正负两方面的影响，并且具有高度专业化和职业化的特点，要求科学工作者更加自觉地规避科学技术的负面影响，承担起对科学技术后果评估的责任，包括：对自己工作的一切可能后果进行检验和评估；一旦发现弊端或危险，应改变甚至中断自己的工作；如果不能独自做出抉择，应暂缓或中止相关研究，及时向社会报警。"中国科学院.关于科学理念的宣言[J].中国科技期刊研究，2007，18（2）：3~4.

如果你对照这份宣言的精神，那么解读人类基因组的天书这个行为，它就应该先被评估会不会对社会有危害。你不能光是讲治病的前景，讲好的那一面。况且治病的前景，本身也是在巨大的商业利益诱惑下展现出来的，也不是你要学习白求恩纯粹去治病救人。你为什么不应该先评估这一点呢？你是不是也有义务向上级报告？至少应该向上级提交一个这样的评估报告说明天书如果被解读了以后，它好的那一面有些什么，比如治病；坏的那一面又有些什么，比如基因歧视，等等。

所以那份宣言要求我们科学家做的，是一种理想状态。实际上我们的科学家能不能真正做到这一点，显然是很有疑问的。况且对这份宣言，有些科学家也不赞成，尽管这份宣言是我们中国科学院领导部门颁发的。中国科学院当然是中国科学界的国家队，代表中国科学技术的最高水平。《关于科学理念的宣言》表明，在中国科学院的领导那里，他们对于国际上这些超前的思想成果，完全是了解的，也愿意接纳的。问题是广大科学家是不是也都能够有这样的觉悟，这个就很难说了。

【第七讲】

互联网新媒体批判

商业化生存＋无法完成付费方面的受众分层，这两个机制同时作用在电视或互联网上，它就会产生一个必然的结果，就是它的内容不断低俗化。

7

互联网已经进入我们的生活好多年了,现在很多人都已经离不开互联网了。对于我们现代化的社会生活来说,互联网确实起了非常大的作用,但互联网也不是没有弊端的。

现在意识到互联网弊端的人也渐渐多起来,但到现在为止,认真分析互联网利弊的人还很少。我们有时也能看到一些对这个话题的谈论,但通常都不能令我们满意。

区分两种类型的互联网

这里首先是对互联网没有进行区分。如果我们把互联网区分成两种类型,一个是作为通信工具的互联网,一个是作为新媒体的互联网,这样分析问题就会比较容易。

我们下面将可以看出,互联网的好处,基本上集中在作为通信工具的互联网这一边;而互联网的弊端,主要是从作为新媒体的那一端产生的。

网民成分的剧烈演变制约着互联网

互联网的弊端,目前我们初步可以分析的,有那么几个方面。第一个方面,是互联网正在矮化我们的文化。为了深入理解这一点,互联网有个基本情况我们是必须注意的。

首先应该注意到,中国的网民构成已经有了明显的改变:最初在20世纪90年代▼,互联网刚刚开始进入我们社会生活的时候,确实是高科技,网民主要是科

▼ 根据中国互联网络信息中心(CNNIC)发布的中国互联网络发展状况统计报告中中专-大专用户占比34.2%,大本用户占比49.6%,硕士用户占比7.5%,博士用户占比1.8%。(1998.7)截至2018年12月,初中、高中/中专/技校学历的网民占比分别为38.7%和24.5%;受过大学专科、大学本科及以上教育的网民占比分别为8.7%和9.9%。(2019.2)

技精英。早期的互联网用户80%以上都是大学以上学历的人。最早的时候，只有那些中科院的科研院所和比较好的高校，才能用互联网。但是现在互联网的情形完全改变了。

我们就以每年发布两次的《中国互联网发展报告》为例，这个报告已经持续发表30多份，每半年发布一次。你如果持续查看这个报告，你就会发现，在这份报告里网民的构成的变化是非常大的。现在中国的互联网上，超过70%的网民，都是中等以下学历，而且也是低收入的，他们是中国现今网民的主体。

这个网民主体的构成带来的一个重要结果是，你在网上看到的那些东西主要是为了迎合网民主体的。为什么这样呢？其实道理很简单，凡是商业化生存的东西，它就有这样一个机制，它必须让去看它的人越多，它的日子才越好过。比方说电视，它是靠收视率来维持的，收视率高它就能获得更多的广告费，这样它就挣钱。互联网上也是一样，点击率越高的地方才会带来广告，它才会有利可图。

这样一种机制，它又不能进行受众分层——如果能够用经济手段来完成受众分层，那它就有可能不迎合它的主体。因为能完成受众分层，就可以迎合不同层次的人，所以，商业化生存+无法完成付费方面的受众分层，这两个机制同时作用在电视或互联网上，它就会产生一个必然的结果，就是它的内容不断低俗化。

这里可以稍微说两句题外话，比如说现在一些博物馆是国家花钱来支持的，它不是商业化生存，所以博物馆可以不需要用经济手段来完成受众分层，它现在干脆免费，谁都可以来参观。但因为它是用国家经费来支持的，所以在博物馆里举办高雅展览，哪怕没有一个人来参观，也可以继续办下去，因为它不需要依赖参观者的门票收入来生存下去。

又比方说出版社，现在你买一本书还是要付钱的，对不对？虽然我们一直在抱怨出版界出版了许多低俗的书，但确实还是有许多高雅的书籍继续在出版。为什么它能这么做呢？就因为它是有办法用经济手段来完成受众分层的。高雅的书籍定价可以高一点，反正还是有一小部分读者愿意掏钱去买，这样它还是可以支持运作下去的。

但是在互联网上，商业化生存又不能完成受众分层，所以它的做法就只能是让网络上的主要内容去迎合网民的主体。管理部门一直在和网上的低俗及有害内容斗争，但经济规律又支撑着低俗内容，所以这将是一场长期的拉锯战。

另外还需要进一步讨论的是，网民是在什么情况下去接触互联网上那些新媒体的？他们很多人是为了消闲，有的人是为了发泄，因为网民的主体决定了他们对这个社会的满意度是比较低的。他们低收入，多数在社会底层，结果他们对这个社会经常会不满，于是他们需要在网上寻求放松和发泄，而那些低俗的内容就去积极迎合他们。近几年一些互联网上的新媒体，集传播和社交于一体，异常火爆，规模迅速扩大，正在剧烈推动互联网新媒体内容的低俗化。

这样做的结果在互联网上大家看到了，互联网上的低端媒体就像垃圾箱一样，充斥着各种低俗的内容，更不用说还有那些谣言和诈骗之类的内容。对这些内容的清除打击，旷日持久，难以停歇。

互联网新媒体上，低俗的内容淹没了高雅的内容

当我们指出互联网有低俗化弊端的时候，那些为互联网辩护的人会说：高雅的东西不是也在互联网上吗？我们让更多的人有更多的选择有什么不好呢？他们甚至会说：你从这种立场批评互联网新媒体是精英主义。什么叫低俗，什么叫高雅？

广大人民群众喜闻乐见的事情为什么就低俗？它跟高雅有什么差别？凭什么只有你们少数人喜欢的东西叫作高雅，我们喜欢的就叫低俗了？

高雅和低俗的标准，这本身可以是一个学术问题，不是不可以讨论的。但是总体来说，社会对于高雅和低俗，还是有着基本的标准，在这个标准上，分析讨论的空间不大。一个试图为互联网上的垃圾信息▼辩护的比较像样的理由，是强调高雅的东西和低俗的东西一样，也在互联网上，公众可以有选择的自由。

但是这种说法，如果仅仅为了在辩论的时候强词夺理是可以的，但是从实际的情形来考虑，这种理由是站不住脚的。

为什么呢？那些为互联网垃圾辩护的人，经常忽视了一个极为重要的事实，或者有可能他们根本没有注意到这个事实。这个事实是：人生不过百年，一天

▼
2019年1月19日，万维网之父蒂姆·伯纳斯·李爵士（Tim Berners—Lee）再次表达了他对今天互联网发展的担忧。在EmTech China全球新兴科技峰会上，蒂姆表示，互联网刚出现时，具备比现实世界更强的长尾效应。然而如今长尾效应已失效，少数大公司占据了太多份额。"我们失去了互联网精神。"从2014年起，他意识到互联网上的虚假、垃圾信息已经泛滥。

只有 24 小时。这两句话听着完全是大白话，都是最常见的事实，我们大家都同意的。但是很多人在考虑互联网的时候就忘掉了这两句话。

这两句话意味着什么呢？意思是说：你的时间和精力都是有限的。一个人整天不吃不睡，一直吊在互联网上，极限也就是 24 小时。当然我们知道，谁也不可能 24 小时都吊在网上，你起码还得睡觉，还得吃饭吧？你要谋生，你还得工作。所以一个人能够投放在网络上的时间和精力，都是有极限的。

网络不是一直在争夺眼球吗？全世界总人口乘上 24 小时，这就是你能争夺到的"眼球"总量的上限。我们当然知道谁也达不到这个上限，互联网上有无穷无尽的内容，内容可以是无限的，但眼球——注意力——是有限的。所以你用无穷无尽的内容，去争夺那有限的"眼球"，那么你应该选择什么策略对你的争夺来说最有效？当然是弄黄色低俗的东西最有效，它最容易争夺眼球。

一个人在他有限的时间里，每多看一分钟低俗的东西，就会少看一分钟高雅的东西，所以高雅的东西虽然在那里，但是如果有很多低俗的东西同时存在，高雅的东西就看不到了。以前我和另一位教授讨论过这件事情，他说："我觉得高雅的东西就好像鹤立鸡群，总是会显出来的，人们最后总是会知道什么是高雅的，他们会鄙弃那些低俗的。"我说这是不对的，当数量大到一定程度的时候情况就变了。你想象中的鹤立鸡群是什么情况？一百只鸡里有一只鹤，那鹤立鸡群的效果是有的。如果有一百万只鸡里有一只鹤的话，鹤根本就看不见了，所以你就是鹤立鸡群也没用。低俗的东西的占比大到一定程度的时候，高雅的东西就被淹没了。

另外你说让公众有选择的自由，但选择也不是那么容易的。

这个我们以前也讨论过。比方说吃饭，让你吃四菜一汤，你就说这个太清淡了，你不爽，你要求吃得更多，要求更多的选项。那好吧，我们给你选项，我们给你一百个菜让你选，如何？你说很好，这就是古人说的"食前方丈"啦，我这一百个菜尽情吃，不是很好吗？那你再想想看，如果我给你一万个菜，情况会怎么样？

情况立刻就变得很荒谬了！首先这一万个菜怎么摆放？怎么摆放才能让你够得着？摆放成一条线的话，你得走多远才能把一万个菜都够着？你每个菜尝一口，你一顿饭能吃一万口吗？你肯定吃不了那么多，对不对？你不可能有便利的方式去选择。

那么现在你怎么选择呢？你说那我就近挑一些我爱吃的不

就行了吗？如果这样，那后面的九千九百个菜对你有意义吗？它们对你就没有意义了。

所以，一万个菜没有意义，对你只有害处，没有好处的。放在你面前的那些菜，你知道它为什么被放在前面？如果恰好那些菜对你的健康是不利的呢？你说这些菜是谁来安排它的前后的？是不是那些公司通过推送放到你前面来的？他们会不会有意让那些希望被你吃到的菜放到你前面？

也许你又会说，我们不是有菜单吗？是的，可以有菜单。但是，一个菜单如果有二十项，你打开来挑一挑，是可行的。现在这个菜单有一万项，你怎么挑？你把这个菜单拉一遍吗？拉一遍早就几顿饭的时间都过了。

所以，通过这样一个比喻，你就会发现，当选项多到一定程度的时候，不仅对你没有意义，而且几乎可以肯定还对你有害。在给出无穷多选项的互联网面前，你就失去了选择的能力。

也许最后你会说，我们可以委托别人来帮我选择嘛。好啊，让别人来为你选择，这时候所谓"让公众有更多选择"这句话，不是已经落空了吗？你不是还得依赖另外的人来替你选择吗？这和前互联网时代的情形有什么差别？

在前互联网时代，出版社出版的图书，杂志社出版的读物，电视、电台节目等，所有这一切都是有人替你选择的。他们有记者，有编辑，有编导，这些人就是所谓的文化精英，我们依赖这些人来为我们选择。你讴歌了半天"互联网给公众选择的权利"之后，最终你还是要依赖另一些人来为你选择。

事实上，我们看见的是，现在互联网上替我们选择的人中的很多人，就是前互联网时代替我们选择的人。这就是为什么在互联网上你看到的很多名人，也是前互联网时代的名人。比方说电影明星、大导演、大老板等，在前互联网时代他们也是名人，到了互联网时代他们还是名人。当然互联网时代也产生了一批批新的名人，但他们同样是替公众做选择的人，在这一点上没有不同。

这是一个方面，归根结底就是：互联网提供的无穷多的选择，其实对你是有害的。

如何理解互联网自媒体的表达权利

再考虑第二个问题。那些为互联网上的新媒体和自媒体辩护的人说："我现在有了表达的权利，以前这些权利被精英垄断了。以前我想在报纸上表达意见，报纸不发表我的文章；

我想在电视台上发表意见,电视台也不播我的节目。现在你看我在互联网上,我随便说什么都可以。"而那些互联网的巨头,又有意地强化这个假象,让广大网民觉得自己现在可以参与了,可以发表意见了。

但实际上,你真的可以发表意见了吗?

那会儿微博刚刚出来的时候,冯小刚有句名言:"微博就是我的冯通社。"很多人对这句话印象深刻,说你看看,是不是?一个人他自己以前怎么可能有他自己的什么通讯社?现在你看,谁都可以!

但是你别忘了,冯小刚才能让他的微博变成冯通社,你的微博能变成你的通讯社吗?不能。为什么呢?因为冯小刚是名人,他弄条微博就有好多人跟着去看,去转发。你弄条微博试?有几个人看?

什么叫作发言权?发言权就意味着:你说话有人听。如果没人听,你自己在那里自说自话,它有意义吗?这和你对着墙壁说话有区别吗?你可以对着墙壁说话,这不叫发言权。发言权是你可以对着一堆人说话,而且他们愿意听,这才叫发言权。

所以实际上,广大公众在互联网上的发言权,很多情况下是虚假的。他只是自己觉得有发言权了，其实并没有真的获得发言权。

另外，有的人说，你看互联网上不是还有很多热帖吗？什么"贾君鹏你妈妈喊你回家吃饭▼"，这种帖子不是热得到处转吗？所以小人物随便说句话，就有可能让全世界知道。后来我们知道了，这句话也是有人炒作了才会满世界知道的，不信你再去说一遍，你随便说一句话看看，是不是满世界都在转？不是这样的。你只有被选中了，你被那些网络公司选中了，你的帖子才会变成热帖，才会被转。这和前互联网时代你的小说被选中了才出版，你的文章被选中了才发表，有什么本质差别？其实是一样的。

所以互联网新媒体的出现，它的无穷选项只会让我们浪费更多的时间，好的东西反而看不到，同时你自己的发言权其实也没有增加。

▼
2009年7月16日，百度"魔兽世界"贴吧一个名为"贾君鹏你妈妈喊你回家吃饭"的帖子在短短的6小时便引来了39万网友点击浏览，接近17000名网友参与跟帖。有网友甚至把自己的网名改为"贾君鹏的妈妈""贾君鹏的姥爷""贾君鹏的二姨妈""贾君鹏的姑妈"等，形成异常庞大的"贾君鹏家庭"。"贾君鹏"在6小时内迅速走红网络，被不少网友认为是"中文网络的奇迹"。

第七讲　互联网新媒体批判

互联网对你的时间和注意力的侵夺

现在，情形又变得更严重了。最早的时候互联网在你的桌子上，在你的台式机上，后来它到了你的笔记本电脑上，现在它到了你包包的iPad上，接着到了你口袋的手机上。移动互联网时代，这是互联网时代的一个进阶。进入移动互联网时代之后，互联网能够更多地缠着你。当它到了你口袋中手机上的时候，它几乎就可以一整天地缠着你。这就是为什么很多人整天弄一个手机在那里玩，在网上互动▼。这样做的结果是，互联网又占据了你更多的时间。

这些被占的时间，很多人说"这是我情愿的"，在这个时间里我不是有快感吗？我很愉快啊。说这话的时候，大家可以想想，在前互联网时代，难道我们

▼
2019年2月28日，中国互联网络信息中心（CNNIC）在京发布第43次《中国互联网络发展状况统计报告》。截至2018年12月，我国网民规模达8.29亿，普及率达59.6%，全年新增网民5653万。我国手机网民规模达8.17亿，网民通过手机接入互联网的比例高达98.6%，全年新增手机网民6433万。

不能通过读一本书获得快乐吗？其实我们拿一本书读也一样可以获得快乐的。

而且你那时拿一本书读的时候，由于那本书是有人替你选择好了的，相对来说它要更像回事。现在你读着推送到你手机终端的那些支离破碎的网上信息时，和你拿一本书阅读，差别真的挺大。

从理论上说，我在手机上读什么都可以，我要读黑格尔、柏拉图也可以。好吧，那你读读看呢？你看见过有人在手机上读黑格尔、柏拉图吗？事实上没有人这样做。他要想读那些东西的时候，他还得弄本书放在桌子上读。在手机上，实际上你能读的东西，大部分都是没什么用的。

有的人说，我用了智能手机以后，我用了微信以后，我的工作变得便利了。其实当工作变得便利的时候，这就已经进入我开头说的作为通信工具的互联网了。而作为新媒体的互联网，你很难找出它有多少积极作用。

我抵抗互联网的生活

这里我可以谈一点我个人的经历。

第七讲 互联网新媒体批判

我从十几年前开始，就不看任何电视节目。尽管我还做电视节目，但是我不看。我也远离互联网，从微博开始我就尽量不碰这个东西，微信也抗拒了很久。智能手机也尽可能地不用。

我以前一直不用智能手机，一直到去年我的旧手机坏掉了，我再也买不到这么老式的手机了，电池也配不到了。那我就算了，我屈服了一下，我用了一个别人扔下来的智能手机，但是我把手机的所有上网功能都关掉，所以它实际上仍然不是智能手机。

那么我这么做的结果如何呢？

网上有的人认为：这样的人，是一个闭目塞听的、远离时代的、拒绝时代进步的人，一个这样的人肯定是落伍的。网上甚至有人充满鄙夷地质问：一个这样落伍的人还有什么资格在上海交通大学当教授？

可是我已经这样做了十几年了，不管落不落伍吧，至少这样做没有给我的工作和生活带来任何困扰，也没给工作带来什么负面影响。

作为通信工具的互联网我是使用的，我在网上查资料和信息，我用 E-mail 作为通信手段（现在经常用微信来替代了），

> 博客:江晓原的博客http://blog.sina.com.cn/jiangxiaoyuan,微博:江晓原－上海交通大学。

我更新我的博客▼(后来也更新微博),我希望这些是我跟上互联网步伐的最后妥协了,再往后的东西我就不想碰了。当然,如果社会变得更加互联网化,我也会考虑新的妥协,但那只能是被动的妥协,绝不会是主动的拥抱。就好比移动支付,我不喜欢用,但是如果有一天货币彻底废除了,那我也会接受移动支付。

我过了十几年这样抵抗互联网的生活,我没看到有什么困扰。我觉得对我的工作和生活也没带来什么损失。相反,这还带来了好处。

好处是什么呢?我至少没有为很多没有意义的事情浪费时间。许多"热点"我不知道,不知道就不知道,不知道有什么要紧的?那些不知道的事情其实都是过眼云烟,你知道了又怎么样呢?你不知道也没有害处,知道了其实也没什么好处。所以它根本就是可有可无的事物,这对你的生活其实没有影响。

我觉得这是我们现在面对移动互联网时代应有的态度。

最近我又去了两趟国外。以前我在国外没注意这件事情，最近在纽约和悉尼的地铁上，我特别注意，看看他们地铁上的人们是不是拿着手机在那里摆弄。结果我发现，很奇怪，和我在北京、上海看到的情形完全不同。在北京、上海的地铁上，我们看到几乎所有的人都拿着手机。不是在那里看剧集，就是在那里玩游戏，或者是看那些推送的支离破碎的东西。在北京、上海的地铁上，你很少能看到有人拿一本纸书或者拿一张纸质报纸在看。但是在纽约和悉尼的地铁上，情形正好是反过来的。你只能看到少数人拿着手机在玩，通常是一些青少年。大部分在阅读的人是在阅读纸质的东西。

这个现象怎么解读呢？有的朋友是这么解读的：纽约和悉尼这两座城市，当然比我们更早地接触了互联网，现代化程度比我们的城市要高——其实这会儿这两座城市从互联网的现代化程度上来说不见得比得上上海，但要说这两座城市比上海早现代化一些，这个我同意。他们说，因为那些发达国家的人更早地享受了互联网，所以他们已经知道趋利避害，最后他们还是愿意阅读纸上的东西，而不是整天抱着一个手机在玩。

▼
2019年4月16日,中国新闻出版研究院发布第16次全国国民阅读调查结果。数据显示,2018年我国成年国民人均纸质图书阅读量为4.67本。手机和互联网成为我国成年人每天接触媒介的主体,超半数成年人倾向数字阅读,四成以上成年人自认阅读量少。

这种解释,当然可以作为候选的解释之一。实际上,到底怎么解释我刚刚说的那个现象,我目前也没有更好的方案。我觉得,可能对于我们北京、上海这样的城市来说,我们地铁上的年轻人觉得,有着移动互联网的手机的吸引力▼已经超过那些纸质的书籍和报刊了。而且我们地铁上也不是只有年轻人,里面也有中老年人,中老年人如果他们还在那里阅读的话,他们现在也是拿着智能手机在阅读。

到底什么叫现代化?在现代化面前,我们会采取什么策略?什么样的策略才是更好的?这些问题都很难回答。我们不必想当然地认为纽约、悉尼市民的做法就一定比上海、北京市民的做法更好,但是你要反过来说,会不会更没有理由?

到底我们应该用什么态度来对待移动互联网?我现在的观点是,我们要对这个东西有戒心,不要毫无保留地去拥抱这个东西。现在我们很多人一到一个地方就先要找 Wi-Fi，找不到 Wi-Fi 就六神无主，就觉得我又连不上了。有很多漫画讽刺中国的游客，一到什么地方先找这个东西。外国的餐馆，各种各样跟旅游有关的地方，都以这个来吸引中国游客，说这里有免费 Wi-Fi。毫无保留地拥抱移动互联网，一刻也不能让自己离开移动互联网的包围，这种心态完全是有害的。

你可以试一试，你一天没有移动互联网，你看看你会怎么样？说句开玩笑的话，你会死吗？你当然不会死。你要是试着间隔一下，隔一天你就有一天失去移动互联网，你看看你会怎么样，说不定你过得更愉快。

在这个问题上，我最明确地告诫，我平常对我的学生、对我的朋友，都说这句话，五个字：远离互联网。就是说，你最低限度地用互联网。工作需要当然要用，但是在这之后你就想一想，你不要整天从正面想，说我拥抱了互联网有什么好处；你还要从反面想：我远离了互联网，又有什么好处。你还要评估一下，你远离了互联网，会带来什么后果？这些后果你是不是能够承受？如果它们是你能够承受的，甚至你觉得还挺愉快的，你为什么不试一试呢？

所以我再一次建议：远离互联网。

〔第八讲〕

科学只是工具,不是目的

本来科学只是工具，只是手段，目的是追求我们的幸福。如果有一天，它的某一个发展不利于我们幸福的时候，我们当然就不应该再发展它。

第八讲 科学只是工具,不是目的

8

科学只是工具,不是目的。

这话本来就是一句常识,你如果理性思考,肯定会同意这一点的。只不过这句话经常被我们忘掉,因为科学给我们带来了很多很好的结果,我们今天的物质生活都是依靠科学来支撑的。所以在人们脑子里就有了一个思维定式:我们要发展科学,因为科学给我们带来了美好生活。当你这么说的时候,你当然还是同意科学是一个工具,是一个手段,而不是目的,对不对?我们是通过发展科学,来追求我们美好生活的。

但是,因为你长期习惯于"科学 = 美好生活"这样的观念和表达,你觉得发展科学就意味着我们获得更美好的生活。时间久了以后，你就习惯了这一点，于是你就会忘掉另一点。你忘掉了什么呢？忘掉了科学只是手段，不是目的。

对"无限发展"观念的质疑

忘掉"科学只是手段，不是目的"的具体表现是，我们想当然地认为，无论在什么情况下都要发展科学。

那么，哪怕破坏我们的幸福，也要发展科学吗？

本来科学只是工具，只是手段，目的是追求我们的幸福。如果在某一天，当它的某一个发展不利于我们幸福的时候，我们当然就不应该再发展它。

但是，这一点经常会被人忘掉。

我以前举办讲座的时候就曾遇到这样的提问："你刚才的那个观点，会不会阻碍科学发展？"

我说："对，有可能会阻碍科学发展。"

但是，这样提问是什么意思呢？这样问，是因为暗含着对"我们在任何情况下都必须发展科学"这一观念的认同。

所以，阻碍科学发展，在很多人看来是不可接受的，在任何情况下都不可接受。

第八讲 科学只是工具，不是目的

实际上当然不是这样的。在某些情况下，不一定要发展科学。或者说，科学既可以发展得快，也可以发展得慢。

为什么你觉得我们必须永远尽快地发展科学呢？那是因为我们从小就接受了这样一种教育。在这个教育里，我们描绘了一种线性的进步观，认为我们人类社会的进步是线性的，一条斜线从左到右，逐渐上升。在这种线性的进步观里，我们当然得要求不断地进步，我们总是相信今天比昨天好，明天比今天好。这种信念在很多人心目中是毫无疑问的。

但问题是，这种信念它本身就有问题。

其实当你一讲环保的时候，你就知道"尽快地发展科学"这个信念是有问题的。无限发展的结果是什么呢？因为地球的环境是有限的，地球上的资源是有限的，而且地球还有一个刚性的约束，经常被很多人忽视，就是：地球容纳污染的能力是有限的。这三个有限同时在那里。资源是有限的，能源是有限的，容纳污染的空间——或者说它消化污染的能力——也是有限的。这三个限度中的任何一个，如果到达的时候，文明就不能继续了。

如果在某个极限到达之前，我们没有找到解决的办法，那么文明就可能崩溃。比如说能源▼。现在我们能用的能源有石油、煤炭，这是我们最主要的，当然我们还在想办法搞核电站，搞太阳能，搞地热、风电、潮汐等，后面这些东西因为技术上的问题，现在都没有完全成熟。如果石油、煤炭用完了，后面这些技术到时候如果还没有成熟，那么这个极限就会出现，能源就要出现危机了。还有类似的其他资源约束，比方说我们从地下挖出来的矿藏如铁矿、稀土等，都有用完之日。

还有我们的污染。文明发展是以污染为代价的，任何大都市每天都在产生着污染。这些污染其实都留在了这个地球上，最后地球容纳污染的能力到达极限的时候，文明也会发展不下去。

所以，你脑子里想象的那个无限发展的图景，其实是无法成立的。发展是有限度的。你想想看，好比从数学上说，从物

▼
根据2018年版《BP世界能源年鉴》：2017年全球煤炭消费增长了2500万吨油当量，是2013年以来的首次增长。中国的煤炭消费在连续3年（2014—2016）下降后出现了小幅反弹（400万吨油当量）。2017年全球石油消费增长1.8%，即170万桶／日，连续第3年超过10年平均增速（1.2%）。2017年，全球能源需求增长了2.2%，高于其过去10年均值1.7%。之所以出现这一高于历史趋势的增长，是因为发达国家更加强劲的经济增长，以及改善能源强度的步伐放缓。

理上说，所有这种无限的东西，都是发散的，都是有害的。

无限发展，至少在人类现有的知识条件之下，是不可想象的。

考虑慢下来的可能性

既然无限的发展是不可想象的，那是不是意味着发展就需要慢一点？

我们一直觉得我们要发展得越快越好。我们经常说"一天等于二十年"，说"一日千里"，我们都是在正面地使用这种表达。当我们歌颂某一种东西发展得非常快的时候，我们说它一天等于二十年，我们说它一日千里。我们还经常自豪地说：20世纪人类科学获得的进步超过了有史以来进步的总和，比此前所有年代的进步之和还要大。我们看到发展这么快的时候，我们完全是用一种欢欣鼓舞的态度去看待它的。

这种态度很可能有问题。

且不说这种快速发展是不是在我们的操控之下，它是不是完全按照我们的意愿这样发展的，有没有可能它是失控的，而非出自你的意愿？如果你的意愿真的是要这样快发展的话，那你就会迅速走到刚才我们说的那三个极限中的某一个,甚至三个极限都达到。走到这个极限的时候,你实际上就是把这个文明摧毁了。

所以无限的发展,加上越来越快的发展(因为发展是有加速度的),它产生的实际效果是什么呢?打个比方,如果你的人生本来有一百年的话,你想让自己十年就过完你的人生吗?你愿意吗?如果你不愿意的话,那你为什么就愿意我们在人类文明这件大事上这样干呢?我们让我们的发展不断地产生加速度,越来越快,其实就是想加快地过完我们的人生。那是不是一个明智的选择?如果你本来有一个幸福的人生,也丰富多彩,这个人生为期一百年,现在让你十年就遍历这个人生,到你十岁时候就结束,你不愿意,对不对?

对于个体你不愿意,对于整体为什么你愿意呢?你同意应该不愿意。

当我们忘掉了科学只是工具,把科学当成目的的时候,我们的思维就会荒谬。很多人觉得,人类的幸福可以是发展祭坛上的祭品,我们为了发展科学,哪怕损害人类的幸福也要干。他们说我们为了发展应该付出代价,因为他们盲目相信一切发展都最终符合我们的根本利益,所以我们现在付任何代价都值得。如果我们连人类的幸福都可以牺牲，目的是虚无缥缈的发展，这样的发展到底值不值得我们追求呢？

"小富即安"和持续发展

有个朋友和我讲过一个故事，他说那个故事让他印象深刻。他出国的时候住在一个社区，那个社区有一个小商店，他经常在那商店里买日常的东西，就和那个店主熟悉了。那个店主告诉他，他们这个店已经传了好几代了。他就很好奇，他说你们传了好几代，你们是不是发展得很大了？

在我们单向的线性发展的模式里，我们认为一个店要是持续了好几代的话，就肯定要把店越做越大，先在自己的城里开连锁店，然后再把店的总部迁到上海，然后在全国的大城市开更多的连锁店，最后的连锁店还得开到纽约、东京、伦敦、巴黎那些地方去。很多人觉得这是自己的使命，发展就是这样的。

可是他一听那个人说他家的店传了几代了，却没有任何分店，始终就是这个店，就是这个规模。他就说，你们为什么不要发展呢？那店主说，我们不需要发展，我这个店就是为这个社区的居民服务的，这些居民的需求足够支持我们这个店生存下去。我们一代一代承传，家里也就有一个人来打理这个店，其他的孩子长大了，他们都出去谋生，到别的地方去了。也就是说，这个店在他看来，是几代人都不发展的，规模也不扩大，营业也都不大，始终保持这个状态。

他回来就和我说，这些人怎么就不要发展呢？

我说你提的这个问题，确实有深刻之处。这恰恰是我们应该思考的。为什么在这个店的几代人那里，"不发展"都是他们的选项？而在我们的菜单里，"不发展"这个选项根本不存在，你想想看，是不是这样？在你的思维定式里，不发展这个选项是不存在的，你把它从菜单里拿掉了。你天然地认为菜单里不可以有"不发展"这个选项，因为不发展就意味着你不上进、没有开拓精神，你故步自封、小富即安……所有这些都是贬义词，都会用在你身上。

我们习惯认为，一个没出息的人才不想发展，有出息的人一定要把他的店从一间小店开成一间大公司，再开连锁店、走向全世界，觉得这是他自己天然的使命。

我们的菜单里没有"不发展"这个选项，但是他们那里有。所以我觉得这个故事有深刻之处。我们现在确实应该把"不发展"放在我们的菜单里，当作选项之一。

我不是说你现在就一定要选这个选项,但是你至少要让它成为你的可以考虑的选项之一。

我们应该认识到无限的发展是不可能的。无限的发展既然不可能,为什么你一定要让有限的发展搞得越来越快呢?为什么要让你的百年人生在十年里就走完呢?

如果你同意了这一点,那么你现在再来看我们的科学,你就会发现,这种无限发展其实背离了我们前面说的"科学只是工具,不是目的"。无限发展几乎已经把科学当成了目的,把科学自身当成了目的,我就是要发展科学,哪怕因此把全人类的前途都葬送掉也在所不惜,只要发展科学,别的事情都可以放在后面。这样的想法当然是错误的,理性上你知道是错误的,但是你实际上经常在面对一个具体问题的时候,就忘掉了这一点。

乔布斯给了我们"毒苹果"

乔布斯去世以后,有无数对他歌功颂德的声音。中国人主要在那里哀叹:为什么我们没有乔布斯?外国人歌颂乔布斯,说他改变了我们的时代。当时我写了一篇文章题目是《乔

> 江晓原的博客，南腔北调专栏（111），原文："现在许多人都将此视为'创新'的理想境界，其实是一种非常幼稚的想法。想想看，'原先不需要，用过后却离不开'，有什么东西具有这样的特征？我首先想到的东西是——毒品！毒品确实具有这样的特征。'创新'出一些我们原先并不需要的东西，然后引诱我们去用它们，让我们上瘾。引诱的办法，主要是通过媒体宣传、产品体验店等持续的广告轰炸，造成无数在虚荣消费心理驱使下形成的'果粉'，让使用苹果产品成为一种时髦。"（载于2011年12月2日《文汇读书周报》）

布斯给了我们"毒苹果"》，这篇文章发表后，我照例将它放在我的博客上，结果就有很多人在网上痛骂我。

为什么呢？因为乔布斯是他们心目中的英雄，现在你居然说他给了我们"毒苹果"，这是他们感情上接受不了的。我们知道乔布斯这个人私德并不好，但是我根本没有攻击过他的私德，我觉得私德不是我要讨论的问题。我说他给了我们"毒苹果"，是因为他的苹果产品在我看来都是有害的。

国外那些歌颂乔布斯的人，歌颂他的时候有一些重点，其中我看到的最突出的重点，是说乔布斯伟大在哪儿。他伟大在能想出一些小玩意儿，这些玩意儿你原来没有想过。这些玩意儿并不是你原来呼吁或向往的，你从来没想过要有这样的东西，结果乔布斯弄出了这样的东西——苹果风靡的产品都是这样的

第八讲 科学只是工具，不是目的

东西，iPad、iPhone 都是这种东西▼。弄出来以后你一用，你觉得这个东西好得不得了，你就离不开它了。他们说这是乔布斯最伟大的地方，他能弄出一个你原来没想到过的东西，用了以后你却离不开了。

很多人觉得这个就是乔布斯伟大的地方，他们还把这一点拔高、上升，说这是创造了人的需求——你本来没这个需求，现在乔布斯给你创造出来了。

在科学无限发展的图景里，"创造需求"是一件完全被正面看待的事情，是很多人梦寐以求的，他们就盼着我要是也弄出一个类似的东西就好了。大家本来没想要这个东西，现在我弄出来以后，大家说这个东西真是我的需求。

对于这种你本来没想要，后来用了以后却离不开的东西，在人们普遍歌颂乔布斯和苹果产品的时候，我想到了另一个比喻。我说，其实世界上早就有这样的东西。

▼
苹果自 2009 年起开始在中国市场销售手机，iPhone 手机一度被视为身份的象征。2016 年 iPhone 在中国市场的销量排名首次出现下降。根据 2017 年苹果市场占有率分析，苹果手机在中国的市场占有率具有相当的领先优势，在占有率前 10 名的手机中，苹果公司的产品占据了大半席位。

这样的东西是什么呢？就是毒品。

毒品本来不是你要的，但是你一旦用了以后就上瘾，上瘾了以后你就需求它了。然后你会不会说毒品满足了你的需求，你甚至对制毒贩毒的毒枭歌功颂德，说他是人类的英雄，说他满足了你的需求？

也许听了这个比喻，你立马会义愤填膺。你会说，你想用这种比喻来诋毁我心目中的英雄吗？我心目中的英雄就是乔布斯。

但是我说，你看看我这个比喻，你尝试驳斥驳斥看？错误在哪儿？乔布斯给你的东西是不是跟毒品一样？在这个意义上它们和毒品确实完全一样，就是让你用了以后上瘾，上瘾以后你就离不开。为什么当你对毒品上瘾的时候你知道对毒枭表示义愤，你说这是毒枭害了我，他毁了我的人生，以至于我现在对毒品上瘾了，我要去戒毒所，我要设法治疗我的毒瘾。为什么苹果产品让你上了瘾，你就没义愤呢？你为什么不寻求去另一种戒毒所里戒掉你对苹果产品的依赖呢？为什么你觉得这苹果产品是你需要的呢？

唯一的差别，只是因为我们没有宣布苹果产品是毒品，所以你不认为它是毒品。以前我就说过，有很多不良的网络游戏之类,早晚会被一些国家在法律上宣布为毒品的。那些东西其实跟毒品的性质是完全一样的,唯一的区别就是国家没有宣布它是毒品。因为它们的危害还没有严重到让大家觉得它就是毒品。

我很同意,苹果产品是我们这个时代的一个象征,这个象征就是我们忘掉了科学只是手段,而把科学变成了目的;这个象征就是我们要无限发展,我们为了发展——任何代价都是可以支付的。如果忘掉了我们发展只是手段,刚刚我们说科学是工具不是目的,发展其实也一样,发展也是工具(手段)——发展也不是目的,我们的目的是人类的幸福。

如果说把你的百年人生弄得只有十年就走完,你不认为这是幸福,你觉得让你把你的人生正常走完了才是幸福,甚至你觉得要是你的人生有两百年不是更好、更幸福吗?要是这样的话,那你就不应该再盲目地歌颂发展,你想想,如果我们发展得慢一点,会不会对我们全人类的幸福更好?

大家都处在被劫持的状态中

可是,即使你同意了发展慢一点可能对人类的幸福更好,你也身不由己。

国外一些哲学家早就谈过这个问题,也有过不少这样的呼唤。但是有这样的呼唤并不意味着这能影响现实。现实是:发展是停不下来的。

实际上,我们处在一个被科学劫持的状态中,谁也停不下来,每个个体、每个国家都停不下来。科技总体来说最发达的美国▼,它也停不下来,更不要说我们还不如他们发达,我们拼命想赶上去,更停不下来。

所以在现实中,希望发展得慢一点,这只是一些哲人的想法,这个想法大部分人不理解,不理会。而且,当我们的社会被科学劫持之后,即使大部分人愿意发展得慢一点,他们的意愿也不见得就能满足。发展是不由自主的,是由不得你的,你不想发展也得发展,你想发展也得发展,我们现在就处在这种状态中。

▼
2015年PCT国际专利排名前五名是美国、欧盟、日本、中国、韩国。汤森路透(Thomson Reuters)2016年统计的2004—2014年全球论文被引用次数排在前1%的顶尖科学家数量,美国遥遥领先,顶尖科学家人数几乎占了世界的一半,达47.5%,中国科学家有175人,占世界5.7%。

第八讲 科学只是工具，不是目的

那么，我们认识到这个状态，和我们不认识到这个状态，有差别吗？在某种意义上说是没差别的。你认识到了，科学也还在继续发展；你不认识到，科学也照样继续发展。

那么我们为什么还是要去认识它呢？我觉得，我们知道这件事情不好、只不过此刻我们无能为力，和我们把这件事情糊里糊涂地认为它是好的，还是有差别的。比如说，我们知道应试教育▼不好，但是我们无能为力，我们还得让自己的孩子去考大学，这和你把应试教育看成是一件好事情，还是有差别的吧？

你认识到这件事情不好，只不过此刻我们无能为力，那你至少就有了思想准备，在你有能力影响它的时候，你就会影响它。你如果知道，无限制地发展，在速度上也没有限制地发展不好，那么如果有一天你有能力限制它速度的时候，你起码有可能

▼
应试教育（又称填鸭式教育）通常被视为一种以提升学生应试能力为主要目的且十分看重考试成绩、背诵与解题的教育制度，与素质教育不是相对应的两个概念。这种教育制度在中世纪和近代的东亚和欧洲都是唯一通行的教育制度，因为可以通过师傅带领和严格培训，大量培育技术性人才。

去做吧？如果你没有认识到这一点，你还在那里觉得这样越快越好，那当你有能力影响它的时候，你也不会去影响，你只会推波助澜。

所以即使现在没有办法影响它，我们认识到它也比不认识好。实际上，举例来说，这种态度在对于环保的问题上几乎是一样的。我们对于环境被破坏，很多时候也是无能为力的，我们实际上没有能力去制止。那么那些鼓吹环保的人为什么还要鼓吹呢？他们也就是知其不可而为之，觉得我们知道自己在破坏环境，总比糊里糊涂不知道要好。虽然知道了可能我们暂时也制止不了，但是至少知道了就有制止的可能，完全不知道就一点可能性也没有了。

对于科学技术的发展也是一样的道理。最稳妥的做法是，我们还是应该认识到科学只是手段，不是目的。那些无限制发展论者只是因为忘掉了这一点。如果你时刻能记住这一点的话，你就会在一些问题上采取正确的立场和态度。

〔第九讲〕

科学已经告别纯真年代

我发现我们只需要找一个极简单的标志就能判断它是不是告别了纯真年代。这个标志就两个字：爱钱。纯真年代的科学是不爱钱的，而告别了纯真年代的科学是爱钱的。

第九讲　科学已经告别纯真年代

9

这一讲的题目是"科学已经告别纯真年代"。"纯真年代"这个说法是什么意思呢？也就是说，当我们这么说的时候，是不是意味着科学曾经有过纯真年代？

纯真年代的科学是不爱钱的

我觉得科学是有过纯真年代的，但是现在已经过去了。纯真年代和现在告别的标志在哪儿？关于这个问题我思考过一段时间。最后我发现，我们只需要找一个极简单的标志就能判断它是不是告别了纯真年代。这个标志就两个字：爱钱。纯真年代的科学是不爱钱的，而告别了纯真年代的科学是爱钱的。

▼ 乔纳斯·索尔克（Jonas Salk）博士，脊髓灰质炎灭活疫苗研制者，1952年3月26日，该疫苗在90个成年人和儿童身上试验成功。试验结果表明这种疫苗可以用来预防所有三种脊髓灰质炎的病菌的侵入。

美国前副总统戈尔，在他的《未来：改变全球的六大驱动力》一书中，在对孟山都公司垄断世界上90%的种子基因专利的问题提出批评的时候，讲了一个故事。戈尔说美国有一位科学家▼，他发明了一种疫苗，是防治小儿麻痹症的。因为这个疫苗是美国大部分少年儿童都接种的，就有人去问这位科学家，这个疫苗的专利在谁手里？这位科学家回答说：我想是在美国人民手里。也就是说，他本人没有为疫苗申请专利。

接着这位科学家就反问问他专利的人：你能为太阳申请专利吗？因为我们人类几乎所有的能源，归根到底都是从太阳那里来的。那太阳当然是无私的，所以科学家这样问，意思就是他认为自己根本就不应该以此来要求为自己获利。

戈尔讲这个故事的用意是很明显的，他就是要用这个故事作为反衬，来批判孟

第九讲　科学已经告别纯真年代

山都公司的唯利是图。在这个故事里，这位科学家是不爱钱的，所以他本来可以通过疫苗专利获利，但是他没有这样做。

我们说科学已经告别了纯真年代，并不是说我们就能够在时间轴上选定某一点，说在这一点之前就是科学的纯真年代，这一点之后就不是。你想，上面戈尔那个故事中的科学家，离现在也不远，那他还保持纯真，也就是说，有的科学家可以在这个时代继续保持纯真年代的做法，但很多人就不是这样。

牛顿发现了万有引力理论，爱因斯坦发现了相对论，这两个人有一些共同的地方，其中有一点就是：他们在做出这些发明的时候，不仅没有用过纳税人的一分钱，事后他们也没有为这些东西申请过专利。

说牛顿和爱因斯坦两人都没有从万有引力或相对论上获利过，这要有一点辨析。牛顿那个时代，当然还没有进入我们现在所谓的大科学时代，当时的科学活动，通常都是科学家出于自己的业余爱好而进行的，牛顿也是一样。虽然牛顿到了晚年的时候，他其实已经相当有钱，但是这个钱和万有引力没有任何直接关系。

这是因为牛顿获得科学声誉之后，中年时被任命为皇家造币厂督办（后来成为厂长），年薪450镑，这在当时是高薪。

他后来还被封了爵士。另外牛顿也搞投资，还买卖股票，所以当他去世的时候是一个比较有钱的人。根据对他遗物进行分析的人得出的结论，牛顿在去世那年的年收入超过4000镑（当时的币值），在那个时候4000镑是非常大的数字。

那能不能说，牛顿间接地从科学理论中获利了？但是"间接"这个概念是极为宽泛的，也可以理解为因为他给英国带来了荣誉，国家给了他更高的待遇。

爱因斯坦的情形也是类似的。爱因斯坦年轻的时候，挺像我们现在所说的民科。爱因斯坦高考还失利过，念过一次高复班才重新考上大学。他所在的大学是不错的，但大学毕业后也找不到工作，后来是一个同学的爹给他介绍，让他到瑞士专利局去当一个小职员，薪水也是很低的。他的狭义相对论就是在当小职员的时候弄出来的。爱因斯坦和民科不同的是他确实受了正规的物理学教育，但他弄出相对论这件事情完全是他业余做的，也没有拿过任何国家的资助，也没有为这个申请过什么专利。

后来爱因斯坦到了美国，他的科学声誉越来越高，他在普林斯顿高等研究院得到待遇优厚的供奉。当然供奉爱因斯坦的钱说到底还是纳税人的钱，但这个情形和牛顿晚年的情形是类

第九讲 科学已经告别纯真年代

似的,就是因为他获得了科学声誉之后得到了这样的待遇。这和直接把自己的科学发现通过专利变现挣钱,性质完全不一样。

向科学要生产力,就无法不让科学爱钱

纯真年代的科学是不爱钱的,比如上面提到的科学家都不申请专利。那么现在的科学爱钱,你能不能怪科学呢?其实也不能怪科学。西方在文艺复兴之后所发生的那些情形我们这里先不说,先说我们中国。在很长时间里,我们中国的科学家还停留在纯真年代。但是等到改革开放以后,我们强调要让科学技术"服务于经济建设主战场▼"——这个提法无可非议,因为我们看见了西方的经济之所以发展是得益于科学技术,所以我们希望科学技术也在这里帮我们发展经济。

▼ 2015年12月19日,中国科学院在北京召开科技服务国民经济主战场座谈会。中科院院长白春礼表示,面向国民经济主战场,是党中央、国务院交付中科院的光荣而又艰巨的任务。

这个想法是没问题的，只不过有了这个想法之后，你就是在要求科学去和资本结合起来了。科学和资本一结合，科学就告别纯真年代了。

科学告别了纯真年代怎么办？其实也没什么问题。你知道它告别了纯真年代就行了，也没有人要对这件事情追究责任。问题是：告别纯真年代以后，你就要认识到科学已经不在纯真年代了。但是科学共同体的一些人非常聪明地利用了这一点——利用了很多人还在自己从小受的教育给他造成的那个假象中。他们的思想停留在那个假象中，还认为科学是在纯真年代的。因为他们认为科学一直就是纯真的，从来没有想过科学已经告别纯真年代。也就是说，那个他自己告别了纯真年代，但是他乐意甚至故意让你们继续以为他还在纯真年代，这样他就可以更大地获利。

我们指出科学已经告别纯真年代，既不是指责科学，也不是想让科学回到纯真年代去——实际上这是回不去的。我们只是希望大家知道，科学已经告别纯真年代，你以后不要再把现今的科学当成纯真年代的科学看。

简单来说，科学告别纯真年代以后，科学就爱钱，科学爱钱就会做一些不好的事情。

第九讲 科学已经告别纯真年代

我经常重温马克思的那句名言:"资本来到世间,从头到脚,每个毛孔都滴着血和肮脏的东西。"告别纯真年代的科学,它就是和资本结合在一起的。资本既然是每个毛孔都滴着血和肮脏的东西,那你跟它紧紧拥抱在一起,你当然也就沾上这些脏的东西,你就不再是纯真少女,洁白无瑕了。

比如说在转基因主粮的争议中,我们要求知道转基因主粮背后的利益格局。为什么我们要知道利益格局?因为这里面有巨大的商业利益,所以我们要知道利益格局,我们要知道这些巨大的商业利益到底谁拿去了,它对我们的农民和消费者,对我们的国家,造成的是正面的还是负面的影响?

如果科学还在纯真年代,它是没有巨大商业利益的,甚至一点商业利益也没有,那就不会有人要求它交代利益格局;有了巨大的利益,我们才要求交代利益格局。和商业结合在一起的科学,它实际上可以变成资本增值的工具。比如说,乔布斯的"毒苹果",它就是资本增值的工具。为什么要创造人类的需求?就是因为创造出这个需求资本才能增值。

马克思关于资本的论述,让人印象深刻,可以说是金句,我觉得我们应该经常记着,这样就会容易对科学有更深的认识。知道科学已经告别了纯真年代,和不知道它已经告别了纯真年代,还以为它是纯真少女,是不一样的。

火星移民:
一个科学爱钱的例子

这里我们可以剖析一个例子,很能说明问题。前几年,媒体上忽然出现一个热潮,报道说荷兰的一家公司要发起一个计划,向火星移民▼。说它准备在几年后就要第一批送出四个人到火星去生活,而且明确说这是一次单程票,去了就不回来了,从此就定居在火星上。

这家公司向全世界征集志愿者,大家都可以报名,报名是要付报名费的。当时国内媒体上报道说,全世界有八万多人踊跃报了名,其中中国就有一万人左右。当时媒体上采访了好多报名的人,让他们连篇累牍地谈论自己的太空梦想、热爱科学、献身科学等。一件事情在媒体上被炒作成

▼ 2012年,一家名为火星一号(Mars One)的荷兰私人公司提出将人送上火星,展开星际移民的计划。火星一号公司当时提出的目标是2023年在火星建立移民点,并于2025年送出入驻火星的单程志愿者。据了解,"火星一号"计划自在全球发起报名,2015年便有来自全球各地的8万多名志愿者申请,其中来自中国的申请人就有1万多名,报名费更是超过了100万美元。

这样,表面上看是因为大家热爱科学,一听说火星移民这样一个宏伟的科学计划,人心振奋。

当时媒体来采访我的时候,我就表示这件事情看着挺像骗局的。为什么这件事情看上去挺像一个骗局呢?你从科学常识出发,就可以推断出来。

你想想看:它要让四个人到火星上去生活,那就意味着这四个人得在火星上有一个生存的空间,这个空间里要有氧气来维持它;因为它是单程票,去了就不会回来的,这就意味着这些人要在火星上一直终其天年。

我们知道,火星上的大气成分是不适合人呼吸的,况且大气极为稀薄——只有地球大气的大约0.8%。火星上的重力和地球也有很大差别,人类的器官在重力变得那么小的情况下,完全可能是不适应的。这一切都是不可知的。

这还不算。你怎么把他们在那边生存的设备运过去呢?以我们现有的长距离星际航行的能力,我们飞船中的绝大部分的体积都消耗在能源上,你根本不可能运送大量的物资到火星上去。同时,要在火星上建造他们的生存空间,同时要完成这样长距离的星际运输,对人的要求是非常高的。通过海选选拔宇航员,听上去就是很不靠谱的事情。可是等到大家质疑它的行为的时候,它居然宣布报名费是不退的。这就完全变成敛财了。

但是为什么媒体当时就没有怀疑它呢?我后来写了一篇文章来分析这个问题,为什么媒体一开始不怀疑?也许有人会说,你这个指责是吹毛求疵,媒体又不是航空航天专家,你干吗要求它们懂这件事情?我说对啊,媒体确实不是航空航天专家,但是媒体可以去采访航空航天专家呀。我们有航天的专家,在媒体连篇累牍地歌颂这次骗局的时候,怎么不想到去采访他们呢?比如欧阳自远院士?

媒体放着航天航空专家不采访,是为什么呢?是因为媒体从一开始就没想要采访他们,媒体一开始是主题先行的,媒体预先定好了"我要歌颂这件事情"的主题。为什么会发生这样的情况呢?就是因为没有意识到科学已经告别了纯真年代。

在这家荷兰公司的这场商业炒作中,科学是它的工具,是它用来包装整个商业行动的一件华丽外衣。如果你认识到科学已经告别了纯真年代——你经常对这些用科学的外衣包装起来的事情抱有戒心,或者说你经常会想到,告别了纯真年代的科学就是爱钱的——你就会把这种事情和钱联系在一起。你一关注利益格局,你就会发现这件事情带有敛钱的痕迹。

因为对这些事情没有戒心,媒体完全把科学看成纯真年代

第九讲 科学已经告别纯真年代

的东西,所以他们的第一个反应是,跑到这家公司的官方网站上去,把它自己对这个计划自吹自擂的宣传材料翻译在报纸上登了。公司自己要推行这个计划,当然把这个计划说得非常美好,不可能在它的官方网站上看到对它的计划的任何质疑。这样的事情,只有在我们还没有意识到科学已经告别了纯真年代的情况下,才会发生。

引力波发现中的科学社会学

类似的例子我还可以举一个,也是在前几年的时候,媒体上又有一波热潮出来,说"发现"了原初引力波▼。说这个原初引力波能够告诉我们宇宙大爆炸之初的各种信息,所以这个原初引力波的发现是一个划时代的东西,是一个特别伟大的发现。当时媒体采访我的时候,我发表了怀疑的态度。我说你们先不要相信这是真的,

▼
原初引力波是爱因斯坦于1916年发表的广义相对论中提出的,它是宇宙诞生之初产生的一种时空波动,随着宇宙的演化而被削弱。科学家称原初引力波为创世纪大爆炸的"余响"。
↓

> 探测原初引力波是宇宙创生理论的最直接检验。我国阿里原初引力波观测计划在2014年提出，2016年得到中科院、基金委等单位的资助并正式启动。阿里原初引力波观测站位于西藏阿里地区，海拔5250米。台址基建2017年3月动工，2018年11月竣工并通过验收，预计2020年冬季便能开始观测。

这件事情要过一段时间再看。

所谓"发现"原初引力波这件事情，我当时给那个记者打了一个比方：我说这不是你在桌子上发现一个茶杯那么简单。你在桌子上看见一个茶杯，这是很直接的——"我发现有个茶杯在桌子上"。而当人们说发现原初引力波，他们也使用"发现"这个词汇的时候，根本不是这个意思。原初引力波这样的东西，在理论上物理学家早就预言过了，但是全世界的科学家用了多少仪器，观测了好多年，一直没观测到。它不是一个直接能够看到的东西。所谓"发现"这个引力波，最终也就是在某一个电脑屏幕上看到了某一种什么迹象，对这种迹象进行解读，解读的过程中引入了好多的假设，包括屏幕上的迹象和客观外部世界之间的联系。为什么这个迹象能被解释为引力波，本身又有许许多多的环节，这些环节中好多环节都是假设性的。

第九讲　科学已经告别纯真年代

所以这个所谓的"发现",根本不像你在桌子上发现一个茶杯那样切实可查证。因此我说,不要轻易就相信。

另外,为什么我要对这件事情持怀疑态度呢?因为我们又可以从科学已经告别了纯真年代这一点来看问题。

你知道在纯真年代的科学家,都是一些非常踏实、非常忠诚的人,他们埋头做自己的研究,他们既没有用纳税人的钱,也没指望从这种研究中获利。所以他们就不会有其他的动机,他们不会急着哗众取宠,他们最多指望收获的,也就是最后他做出这个发现的时候获得一些荣誉,比方说某一个常数以他的名字命名,某一个公式、某一个方程,用他的名字命名,最后人们会在教科书里读到:这是拉普拉斯方程,那是麦克斯韦方程等,这都是一些荣誉性质的东西。在纯真年代的科学家,他们就不会急着哗众取宠。

而到了告别纯真年代以后,科学家就要哗众取宠了。为什么呢?一个重要原因,是他们急着要获取更多的社会资源,要让自己得到更多资助,拿到更多的项目经费,这个时候他们经常做的一件事情,就是在他的所谓的科学发现还没有得到同行共同认可之前,他就先去对媒体发布。

通常我们认为,一个科学发现如果要切实得到科学共同体的认可，就需要把新的发现写成一篇学术论文，并且把这篇学术论文投寄到这个行业里公认的学术刊物上，让它发表出来。在那样的刊物上，你要发表一篇文章，它就有同行匿名审稿制度。这篇文章就要送到同行那里去审稿，如果同行认为这个稿件是可以发表的，它才会被发表出来。那么这样的论文发表了，意味着至少对你进行审稿的同行是认可了你。

但是为了哗众取宠，不少科学共同体的成员和他们的小组、他们的研究团队经常干的事情是：那篇论文还没写成，或者是写好了投了稿人家还没有录用呢，正在审查，他就去对媒体披露了，说我发现什么东西了。媒体又不是科学共同体的，媒体没有审查论文的义务，媒体很多时候也没有这个能力。媒体热衷的就是最好又找到什么猛料，找到能够吸引视听的东西，所以媒体就会热衷于报道。

经常出现的现象是，科学共同体那里审稿的论文还没发表，媒体这里已经刊登了，登在那些著名的大媒体上，说谁又发现引力波。这引力波也不止一次有人宣传发现过。这一次也是这样，又是对媒体先发布，因此它是一件可疑的事情。所以我觉得先别表示相信。

我对媒体说：你们更没必要急着跟进。但实际上我们看见

第九讲 科学已经告别纯真年代

的是,媒体都在跟进。

著名科学家也出来发表谈话,说这个发现的意义多么重大,说这个发现是一个得诺贝尔奖级别的发现,等等。当他们这样说的时候,他们说错了没有呢?可以说没说错,如果真的发现了引力波的话,它确实是一个诺奖级别的发现,也确实有这么大的意义。但问题是,你在这个时候发表这样的谈话,你就会让公众感觉到你已经认定这是一个事实了,对不对?否则你谈它的意义干什么?你又没有在前面申明说,对于这个发现是否属实我们是存疑的,如果真的有这个发现,它的意义是什么,你也没这么说。你一上来就开始谈它的重要意义,这当然就默认了它是真的。

又过了一些日子,国外的媒体上开始传出了说引力波的发现看来是一个错误,他们读到的迹象是别的原因造成的。再过了一段时间,比较完整的报道出现了,说这确实是一个错误,原来把那个东西解读错了,这些迹象是其他一些效应造成的。

这样的故事,你如果仅仅把它当成一个闹剧看看也就算了,但是你如果从科学告别了纯真年代这样的角度来看这些问题,就会有更好的解释。

后来,关于引力波的发现又有了新的进展。LIGO 天文台

2015年、2016年两次宣称发现了"引力波信号"▼，媒体上热闹了一阵，又归沉寂。此事是否已有公论，尚需拭目以待。

如何认识当下的科学争议

认识到了科学已经告别纯真年代，我们对科学本身以及对科学共同体如今的那些行为，就会有更好的认识。科学共同体中的科学家也是人，也有七情六欲。他们现在既然已经告别了纯真年代，他们就难免也是爱钱的，名利对他们来说也是非常诱人的，你就不能再把他们想象成圣徒了。如果说他们的前辈曾经是的话，如今也不再是了。

如果我们认识到了科学已经告别纯真年代，就会对科学争议有更好的认识。遇到一些科学争议的时候，我们要记住，这些争议之所以会发生，很大程度上和科学

▼ 激光干涉引力波观测站（Laser Interferometer Gravitational-Wave Observatory, LIGO）是加州理工学院（Caltech）和麻省理工学院（MIT）的合作实验室，现在也有其他的大学参与，实验资金来源于美国国家科学基金会。LIGO是用来寻找宇宙中的引力波，从而可以验证黑洞的存在和检验广义相对论。美国科研人员宣布，他们利用激光干涉引力波天文台（LIGO）于2015年9月首次探测到引力波，证实了爱因斯坦100年前所做的预测，2016年6月15日，激光干涉引力波天文台（LIGO）科学合作组织与Virgo科学合作组织在圣迭戈举行的美国天文学会第228次会议上正式宣布，在高新LIGO探测器的数据中确认了又一起引力波事件GW151226。

第九讲 科学已经告别纯真年代

已经告别了纯真年代有关。如果你从科学史的角度去看，那些在纯真年代的科学发现，或者那些还保留了纯真年代行事风格的事情，几乎都没有引起争议，争议总是在告别了纯真年代之后才引起的，争议总是和经济利益联系在一起的。

大部分情况下，都是因为经济利益，或者是某一个集团要攫取更大的经济利益，或者是某一人群的经济利益受到了伤害等，争议才会出现。所以在科学已经告别纯真年代的今天，我们将会看到越来越多的和科学有关的争议，那是因为科学以及科学共同体和经济利益弄得非常紧密。

比方说，你现在去查一查最近十年科学界已经揭露出来的造假事件，你就会发现：这些事件绝大部分都集中在生物医学领域。为什么呢？那个领域和资本结合得最紧密，经济利益的诱惑最大。你很难在理论物理那样的冷门领域里看见这种造假。为什么呢？那个领域没多少经济利益，人们懒得到那里头去搞那些事情。

所以我们看到，经济利益对科学自身的发展，对科学的纯洁性，都会带来很多消极的影响。所以科学告别了纯真年代，不仅作为社会公众，我们在这个事实面前受害的可能性增加了，即使是科学共同体本身，它在它的发展和纯洁性方面，也同样是受害者。

科学告别了纯真年代,当然不是一件好事情,但是事到如今,我们也已经无可奈何。

[第十讲]

人工智能与人类文明

人工智能若像我们现在所希望、所想象的那样听话、不学坏、至善全能——这样的人工智能将最终消除我们人类生存的意义。

第十讲　人工智能与人类文明

10

　　这一讲我要和大家分享的观点听起来可能很保守,也可能很激进。我主张,对人工智能的发展,至少应该进行重大限制,而且这种限制现在就应该进行。

　　人工智能的好处就不用说了,想必大家都知道。现在在媒体上一点都不缺关于人工智能好处的信息,而且很多搞人工智能的人士也整天向我们讲好处,所以用不着我再和大家讲了。我们现在需要讲人工智能的危险。

　　对于人工智能,我们必须认识到,它跟以往我们讨论的所有科学技术都不一样。之前我们也讲过,现在人类玩的最危险的两把火,一把火是基因技术,一把火就是人工智能。基因技术带来很多伦理问题,但是那把火的危险性还没有人工智能大。

人工智能这把火现在最危险。最近一些商业公司通过"人机大战"之类的商业炒作,一方面加剧了这种危险,但另一方面也激发了公众对人工智能前景的新一轮关注,这倒未尝没有好处。

我们可以把人工智能的威胁分成三个层次来看:近期威胁、中期威胁、远期威胁——终极威胁。

近期威胁

人工智能的近期威胁,有些现在已经出现在我们面前了。近期威胁基本上有两个。

第一个,它正在让很多蓝领工人和下层白领失去工作岗位。现在较低层次的人工智能已经在很多工厂里被大量采用。有些人士安慰我们说,以前出现各种各样新的技术发明的时候,也曾经让一些工人失去岗位,后来他们不都找到新的岗位了吗?但是人工智能不一样。你们也许已经在媒体上看到过了,包括人工智能的从业者自己也都在欢欣鼓舞地展望,说我们现在绝大部分的工作岗位,人工智能都是可以替代的。

若果真如此,显然这个社会将会变成绝大部分人都是没有工作的,只剩下少数人有工作。对于这样的社会,我们人类目

第十讲 人工智能与人类文明

前没有准备好。我们今天如果有少数人没有工作，多数人有工作，我们把少数人养着没问题，这样的社会是我们现有的社会制度和伦理道德结构能够承受的。但是如果颠倒过来，这个社会中有相当大的比例——按照那些对人工智能的展望，将来95%以上的工作岗位都会被人工智能取代的。比如，你们想听我讲课也用不着找我来做，找个人工智能来做就可以了，说不定比我讲的听起来还要来劲。

当这个社会大部分人都没有工作的时候，社会会变成什么样？肯定会非常不稳定。那么多没有工作的人，他们可以用无限的时间来积累不满，酝酿革命，于是就会危及社会稳定。无论是东方还是西方，无论什么意识形态的社会制度，在这个形势面前都将黯然失色。所以说人类还没有准备好。

顺便再展望一下，既然95%以上的工作岗位都可以由人工智能来取代，那么"革命战士"这种工作岗位能不能由人工智能来取代？革命能不能由人工智能来发起和进行？当然也可能。但是想想看，这样的革命会带来什么呢？很简单，那就是科幻影片《黑客帝国》和《未来战士》中的世界——人类被人工智能征服、统治、压迫。

这是人工智能近期的第一个威胁，现在在很多工厂已经出现了。对工厂来说，这个级别的人工智能是很容易实现的。

那些工厂的管理者说，我们换一个机器人上来，它的成本只不过是三个工人一年的工资，但是它们管理起来太容易了。管理工人很难的，你让他加班他不愿意，更不能996，加得多了他可能跳楼自杀或上街游行，而机器人你让它24小时一直干着都没有问题，管理成本又节省下来了——管理成本往往是无形的，不是那么容易计算的。结果是，换用机器人很容易就可以收回成本，一年就收回来了。所以他们乐意用机器人取代工人。

我看见我们一些地方政府还通过政策鼓励当地的工厂用机器人来换掉工人。

你就不想想，长此以往，你所在的城市不需要几年，就有可能会出现几百万工人失去工作的场景，到那个时候，后悔就来不及了。

人工智能的第二个近期威胁，正如许多学者已经指出的那样，加入军事用途的人工智能是可怕的。

但现在以美国为首的某些发达国家，最起劲的事情就是研发军事用途的人工智能。研发军事用途的人工智能本质上和研发原子弹是一样的，就是一种更有效的杀人手段。

为什么伊隆·马斯克▼之类的人也号召要制止研发军事用途的人工智能？道理很明显，研发军事用途的人工智能，就是研发更先进的杀人武器，当然不是人类之福。

比较理想的局面，是各大国坐下来谈判，签署限制或禁止人工智能的国际协议。目前，国际上已出现一些这样的倡议，但仅来自某些学者个人或民间学术机构，比如马斯克、盖茨和已去世的霍金等人的联名呼吁等，尚未形成国家层面的行动或动议。

▼
伊隆·马斯克（Elon Musk）1971年6月28日出生于南非，18岁时移民加拿大。工程师、慈善家、PayPal贝宝（最大的网上支付公司）联合创始人。为SpaceX太空探索技术公司、环保跑车公司特斯拉（Tesla）以及SolarCity三家公司的CEO。2018年11月，特斯拉董事会已任命独立董事罗宾·德霍姆（Robyn Denholm）出任董事长，伊隆·马斯克不再担任CEO。

中期威胁

我们再来看人工智能的中期威胁。大家肯定早就在媒体上看到过，有一些人工智能的专家出来安慰大家说：你们现在不要担心，人工智能现在还很初级，即使它战胜了李世石，不过是下个棋，即使它会作诗、写小说，它还是很低级的，你们不用担心。

这种安慰非常荒谬。

我们都知道那个"养虎遗患"的成语。如果那些养老虎的人告诉我们说"老虎还很小，你先让我们养着再说"，我们能同意这样的论证吗？你要让我们同意养老虎，就得证明你养的老虎不会吃人，或者证明你养的不是老虎。不然，让你将老虎养大了，它要吃人了，那就来不及了。

这个成语非常适合用来警惕人工智能的失控。各种各样的科幻作品，比如影片《黑客帝国》中的场景，当人工智能建立了对人类社会的统治，我们人类就完蛋了。我们为什么要研发出一个统治我们的超级物种？这是会失控的。

针对这种失控，一部分专家安慰大家说人工智能现在还很低级，你们不用担心，这个论证是不充分的。老虎虽然小，也不能养。

当然，还有一部分专家说，你想让我们提供关于人工智能这个"老虎"不吃人的证据，我们有啊，我们有办法让我们的人工智能不吃人、不反叛，变成不吃人的老虎。他的理由是什么？据说是：我们只需要在人工智能那里给它设定道德戒律。

第十讲 人工智能与人类文明

围绕在人工智能中设定怎样的道德戒律,用怎样的技术去设定,专家们确实已经想过各种各样的方案了。但是这些方案可行吗?任何一个具体方案,如果仔细琢磨,就会发现都是有问题的。但是我们当然不可能在这里逐个纠缠这些方案。我们先不考虑具体的方案,我们只要考虑一个总体的情形,就足以让我们警惕。

简单地说,如果通过为人工智能设置一些道德戒律就指望它不会学坏,那么请想一想:我们人类到现在为止,能够做到让每一个后代都学好吗?做不到。我们总是有一部分学坏的后代。对这些学坏的后代,难道家长和老师没有向他们反复灌输过各种道德戒律吗?况且社会还有各种各样的法律制约,结果仍然还有一部分人不可避免地学坏了。

从这个情形来推想,人工智能就算是你的一个孩子,你能确保他不学坏吗?

更危险的事情是,人工智能会比人类更聪明。现在人类有一部分后代学坏,还没有颠覆我们的社会,那是因为他们毕竟没有变成超人,总体跟我们是一样的。一小部分人学坏,大部分人还是可以制约他们。要是那些学坏的人是超人,他们掌握了超级智能后依然学坏,你就没办法控制他们。然而现在人工智能研发追求的是什么境界？不弄出"超人"来，科学家肯罢手吗？

所以，那些盲目乐观，说我们能让人工智能不学坏的人，请先解决怎么确保我们人类自己的后代不学坏吧。如果人类不能在总体上杜绝我们部分后代的学坏，那你们对人工智能不学坏的信心从何而来？

在考虑人工智能的中期威胁时，还必须考虑人工智能与互联网结合的可怕前景。这些可怕前景主要表现为两点：

1. 互联网可以让个体人工智能彻底超越智能的物理极限（比如存储和计算能力）；

2. 与互联网结合后，具有学习能力的人工智能，完全有可能以难以想象的速度，瞬间从弱人工智能自我进化到强人工智能乃至超级人工智能，人类将措手不及乃至社会完全失控。

另外，鼓吹人工智能的人在安慰公众时，还有一个非常初级甚至可以说是相当幼稚的说法："我们可以拔掉电源。"专业人士在试图打消公众对人工智能的忧虑时，也经常提到"我们可以拔掉电源"的说法。但实际上他们完全知道，如今人工智能已经与互联网密切结合——事实上，这一点正是许多大企业极力追求的，借用如今高度发达的定制、物流、快递等社会服

第十讲 人工智能与人类文明

务，人工智能几乎已经可以摆脱对所有物理伺服机构的依赖。而当人工智能表现为一个网上幽灵时，没有机体和形态，将没有任何"电源"可拔。

人工智能和互联网结合以后，危险成万倍增长。以前对于个体的人工智能，其智能的增长还会受到物理极限的约束，但一旦和互联网结合，这个物理极限的约束就彻底消失了，所以人工智能可以在极快的时间里自我进化。

2016年，人工智能阿尔法狗▼（AlphaGo）下围棋赢了韩国的李世石。而中国的围棋九段选手柯洁据说是一些年轻人的偶像，起先我和几位人工智能专家以及柯洁一起做电视节目的时候，柯洁还表示：李世石虽然败了，我还是能赢的。后来他也和AlphaGo下了一次，他也输了，之后他说赢不了了，这完全不是在和人下棋了，感觉像在和上帝下棋。接着还有一个更新

▼ 谷歌人工智能程序阿尔法围棋（AlphaGo）是基于深度学习技术研究开发的。为了测试阿尔法围棋的水平，谷歌于2016年3月向围棋世界冠军、韩国顶尖棋手李世石发起挑战，李世石接受挑战。2016年3月9—15日，围棋人机大战的最终比分定格为1∶4，阿尔法围棋赢得了比赛。2017年5月23日，在举行于中国乌镇的"人机终极对决"中，当今世界排名第一的中国围棋选手柯洁，0∶3不敌阿尔法围棋。

的发展，我们媒体上没有特别炒作，就是接着另一个人工智能阿尔法零（AlphaZero），对战全世界60个围棋高手，结果60∶0，人类全输了。最惊人的是：AlphaGo是人类先给它输入了大量人类以前的棋谱，让它从棋谱中学习的；可是没有向AlphaZero输入任何棋谱，它根据下棋规则自己就学习了，完全没有借鉴人类的任何棋谱，自学之后把60个高手全都打败了。这件事情表明，人工智能一旦有了学习能力之后，你不知道它会变成什么样子。

另外，在传统的想象中，一个人形的机器人，作为人工智能，其实它身上的大部分空间都浪费在它的伺服机构上。作为一个人得有脚、有手，这些都是他的伺服机构。但如今和互联网结合起来的人工智能，是不需要这些伺服机构的。

比如说，某个幽灵一样的人工智能，它想实施一次恐怖爆炸，它怎么做？它只需要在网上订购各种产品零件，再订购服务把这些产品组装起来，让别人替它组装好爆炸装置，然后借助物流服务送到指定地点，到时候它引爆这个装置即可。这样和互联网结合在一起的人工智能，你根本找不到一个具体的人，它也不再需要任何伺服机构，它只需要在网络上操作计算机即可。在科幻小说和电影中，反映这种前景的作品已经有很多了。

第十讲 人工智能与人类文明

前些时候有一篇很长的文章,在很多圈子里疯传,那篇文章稍微有点危言耸听,但结论我同意。作者想论证这样一种前景,即人工智能一旦越过了某个坎之后,自我进化的速度是极快的,快到不是以年月来计算,而可能是以分钟来计算,以秒来计算。一瞬间它就可以变成超人。一旦变成超人以后,当然就失控了。因此说老虎还小的人,你以为老虎会和现在一样一年长大一点,如果这个老虎一分钟长大一倍,这样的老虎还了得?虽然现在很小,过五分钟就能吃掉你了。

我甚至觉得,人工智能这把火玩得不好的话,不要说在座的年轻人,说不定我的有生之年就要看到灾难了。当然,对于这种事情,我本质上是乐观主义者,虽然我看到了这样危险的前景,我也还是得乐观地生活。只能如此,不能因为觉得末日可能要来临了,就不过好自己的每一天。

另外,对直接在研发人工智能的专家,我是这么说的:你们要知道,在我所预言的危险前景中,你们是最危险的,因为你们就在老虎旁边,老虎最先要吃的,很可能就是你们这些人,所以要特别警惕。

远期威胁

从中期看，人工智能有失控和反叛的问题，但是人工智能的威胁还有更远期的，从终极的意义来看，人工智能是极度致命的。

大家肯定听说过阿西莫夫这个人，"机器人学三定律"就是他提出来的。现在在做机器人的行业里，有的人表示三定律还是有意义的，但是也有一些专家对这个三定律不屑一顾。如果对三定律仔细推敲的话，我相信大家肯定会同意下面的说法：这三定律绝对排除了任何对军事用途机器人的研发。因为只要让人工智能去执行对人类个体的伤害，哪怕是去处死死刑犯人，就明显违背了三定律中的第一定律。但是搞军事用途人工智能的人会说，这三个定律算什么，那是科幻小说家的胡思乱

▼ 艾萨克·阿西莫夫（Isaac Asimov，1920—1992），美国著名科幻小说家、科普作家、文学评论家，美国科幻小说黄金时代的代表人物之一。阿西莫夫一生著述近500本，题材涉及自然科学、社会科学和文学艺术等许多领域，其作品中"基地系列""银河帝国三部曲""机器人系列"三大系列被誉为"科幻圣经"。曾获代表科幻界最高荣誉的雨果奖和星云终身成就大师奖。小行星5020、《阿西莫夫科幻小说》杂志和两项阿西莫夫奖都是以他的名字命名。他提出的"机器人学三定律"被称为"现代机器人学的基石"。

第十讲 人工智能与人类文明

想,我们哪能拿它当真呢?

很多人不知道的是,这个阿西莫夫还有另一个观点——所有依赖于人工智能的文明都是要灭亡的。

阿西莫夫有一部史诗科幻小说"基地系列",共11卷,其中当然写到了人工智能。作者有一个明确的观点:对于人工智能的终极威胁,他已经不是担忧人工智能学坏或失控,他假定人工智能没学坏,没失控,但是这样的人工智能反而更会毁灭人类,因为这样的人工智能将会消解我们人类生存的意义。

你想想看,所有的事情都由人工智能替你干了,你活着干吗?你很快就会变成寄生虫,变成行尸走肉,人类这个群体就会在智能和体能等方面急剧衰退,像虫子一样在一个舒适的环境里活着,也许就自愿进入《黑客帝国》描绘的状态中去了。你想要感觉快活,这个时候乖乖听话的人工智能完全可以为你服务:主人不是要快活吗?我把主人放在槽里养着,给他输入虚假的快活信号,他就快活了,这不就好了吗?

从根本上来说,人工智能若像我们现在所希望、所想象的那样的无所不能、听话、不学坏、至善全能,这样的人工智能将最终消除我们人类生存的意义。每一个个体都变得没有生活意义的时候，整个群体就是注定要灭亡。

所以我们不得不面对的结论是：人工智能无论它反叛也好，乖顺也好，都将毁灭人类。

我的观点倒是和前不久史蒂芬·霍金、比尔·盖茨、伊隆·马斯克等人联名公开信的观点一致，他们也希望各大国坐下来谈判，类似签署核裁军的国际条约那样，对人工智能也签署一个国际条约。比如说在这些条约中，我们要严禁研发军事用途的人工智能，要严禁人工智能和互联网结合起来——但现在这一步已经挡不住了，这一步已经迈出去了。

马斯克自己就是一个人工智能大力的支持者和使用者，他自己的工厂里用了大量的人工智能。但是他一面自己带头使用和研发人工智能，一面却不断警告人工智能的危险性。他这样做看上去有点伪善，但是由他提出警告也有好处，比如我也一直提出警告，但人们会说，你又不研究人工智能，你的警告不值得我们重视。但是马斯克的警告，让人们至少得更重视一些吧？从这个意义上说，他的警告作用更大。

所以人工智能这件事情，无论从近期、中期、远期看，都是极度危险的。无论它们是反叛还是乖顺，对人类也都是有害的。因此我完全赞成应该由各大国谈判订立国际条约来严格约束人工智能的研发。这个条款应该比美俄之间用来约束核军备的条款还要更严格，否则的话是非常危险的。

> 英国牛津大学未来人类研究所安德斯·桑德伯格（Anders Sandberg）博士对人机结合进行了深度分析，并警告称，我们必须谨慎看待智能机器人，未来先进的人工智能大脑将模糊人类与机器人之间的差别。

芯片植入·记忆植入·人机结合

下面再说另一个问题，这也是今天鼓吹人工智能的人经常讲到的，包括马斯克自己也这样说。马斯克不是警告大家不要再研发军事用途的人工智能吗？但是马斯克还认为，其实我们人类被人工智能取代已经是难以避免的了，他说既然难以避免，我们为什么不自己主动去和人工智能结合？和人工智能结合以后，我们就可以变成超人。

怎么结合呢？现在的想法就是植入芯片。在大量现有的科幻作品里，人们植入芯片主要是为了改变你的记忆，比如影片《银翼杀手2049》里，记忆都是可以植入的。这个植入记忆的想法在1981年的《银翼杀手》里就已经有了，很多科幻电影里都有。

很多人没有充分意识到植入记忆这个技术对我们人类的颠覆性作用，你要想一想：你之所以是你，也就是说，我们每个人界定我们自己，是靠什么来界定的？我们就是靠记忆来界定的。比如说我们今天问某人：你是谁？自我介绍时就说自己叫什么，姓什么，在哪里上学哪里工作，所有这些都是记忆，如果这些记忆被改变了，你就不再是你了。所以你是靠记忆来界定你自己的。如果有人可以对你植入记忆，这个记忆一旦被植入，你就会变成他所希望的那个人。

因此人机结合这件事情，目前理论上是非常危险的。它能让人不知道自己是谁。连马斯克的很多同行都说他太疯狂了。马斯克一面呼吁警惕人工智能，一面又大量使用人工智能，因而他的同行们并不想听从他的警告。但是，他们一听马斯克专门成立一个新公司要搞人机结合，他们又觉得这个太疯狂了。马斯克的这个想法，让很多人都害怕。

如果这样做的话，最大的危险是，这个芯片是谁写的？写芯片的人就是上帝。因为这样的芯片一旦植入人脑以后，此人的思想就可以被别人操控。一旦人机结合的技术流行了,谁来操控?操控的人会变成什么社会角色?

如果让我评价人机结合的前景,我认为这只是人类灭亡的另一种形式而已。

科学应不应该有禁区

很多人想必记得,我们以前一直有一个说法:科学没有禁区。这个说法是我们以前很多人都习惯的。但是对于这个说法,现在我们科学界的很多人已经开始有了新的认识。比如说,曾任北大校长的许智宏院士,前不久就对媒体表示:我们以前一直说科学没有禁区,但现在看来,科学研究仍然有着不可逾越的红线。他是在说生物技术的某些应用时说的,"不可逾越的红线"当然就是禁区了。

如果表述得稍微完备一点,我们可以说,在每一个特定的时期里,科学都应该有它的禁区,这个禁区可以在不同的时期有所改变。比如说某项技术,当人类社会已经准备好了,我们已经有了成熟的伦理,或者比较完备的法律来规范它的时候,我们也许可以开放这个禁区,说这件事情现在可以做了。但是没准备好的事情，现在把它设为禁区是应该的。这个禁区也应包括科学技术的高度，高到一定程度就有可能变成禁区，不应该再继续追求了。

〔第十一讲〕 警惕科学

如果我们担心这列"欲望号快车"会有翻覆的一天，那我们现在当然就应该对这列列车有所警惕。我们不应该再盲目地、一味地崇拜科学。我们在用科学技术帮助我们追求幸福的同时，也要对它有一点戒心，要对它要有正确的认识。

第十一讲 警惕科学

最后这一讲题目叫《警惕科学》，这个名字看着就和我们平常说的热爱科学不同。我的朋友，北师大的田松▼教授最近出版了一本文集，书名就叫《警惕科学》。为什么要取这样的书名或演讲题目？当然不是因为我们和科学有仇，我们当然还得让科学为我们服务。但我们强调的是：对科学要有戒心，不能还像以前那样，把科学想象成尽善尽美之物，只知道盲目热爱科学。警惕科学，我们可以从若干不同的角度来分析。

▼
田松：北京师范大学哲学学院教授，专业方向为物理学哲学、科学思想史、科学文化和传播。

科学和资本结合的例子：
牛奶和钼靶检测 ▼

> ▼
> 钼靶检测全称X线钼靶摄影乳腺检查，是利用X线的物理性质及人体乳房组织不同的等密度值，将乳房的二维图像投影于X光胶片之上，并进行观察的诊断方法。是一种无创性的检查手段，痛苦相对较小，简便易行，且分辨率高，重复性好，目前在我国已作为常规的检查，对乳腺癌的诊断敏感性为82%～89%，特异性为87%～94%。

一个角度是，科学现在和资本紧密结合在一起，所以它时常成为资本的帮凶，或者说成为资本增值的帮凶。

有很多产业都是用科学的方式帮助它建立起来的。实际上有很多事情，我们现在很习惯，我们觉得这些事情仿佛是天经地义、顺理成章的，但实际上，这些事情最初是人为建构的。比方说，田松教授经常谈到他的一个研究成果：关于喝牛奶的观念与牛奶产业的建立和繁荣。

田松教授认为，人本来是不需要喝牛奶的，事实上喝牛奶的人虽然很多，但不喝牛奶的人也很多，牛奶本来不是你生活的必需品，当然喝了也没什么坏处。

但是田松教授对牛奶产业做了社会学

研究，就发现实际上整个产业是在一整套科学理论包装下形成的。牛奶这个产业有一定技术含量，所以它还是需要用科学技术来支撑。牛奶企业通过多年的持续宣传——这些宣传都是建立在所谓"科学理论"的基础之上——让你相信喝牛奶对你的健康有利。这么多年来，这个观念在全世界都已经深入人心，所以喝牛奶是很正常的事，大家都喝的，它形成了巨大的产业。

牛奶到底对我们的健康有没有好处？这个问题并没有明确的答案。事实上，前不久还有学者发表文章主张喝牛奶有损健康，我们目前不妨先将这个问题搁置一边。要是你相信对你有好处，你喝了也无妨。但是你至少应该知道，这个产业当初在它逐渐成长形成的过程中，科学对它起了很大的作用，科学在这里扮演的是工具角色。有很多你习以为常的，甚至以为天经地义的事情，实际上它是由一些科学理论来支撑的，是科学理论帮着给你形成这个观念的，而这些理论，今天如果在科学上较起真来，它们并不像物理学那样的精密科学，可以有相对来说确凿无疑的证据和明确的结论。

另外一些我们需要警惕的事情，那就更明显了。比如说医疗，如今医院里过度检测、过度治疗、过度护理，这些事情都是我们大家深恶痛绝的。为什么要有这样三个过度呢？有关部门也一直想要治理这件事情，至今也没治理好，因为这都是经济利益在背后驱动的。但是在考察具体运作过程的时候，你就会发现它们都是用科学的手段来帮助驱动的。所有的过度检测、过度治疗、过度护理，都离不开科学技术的手段。这些手段通常要和那些大型科学仪器联系在一起，它让你看起来是非常科学的。用科学包装的医疗，容易让人信任它，但实际上到底有多大的效果，有时候是很可疑的。

这里我介绍一个例子，这个例子给我印象挺深刻，叫作钼靶检测。女性朋友一听就知道了，这个东西是用来检测乳腺癌的。这个钼靶检测在西方是很流行的，中国现在也已经流行了。前些时候，有加拿大的一个研究小组，他们专门做了钼靶检测的长期的跟踪研究。通常医生建议40岁以上的妇女每年都要做这个检测，因为这个检测比传统的检测方式（比如手检之类的）能更准确地检测出女性是不是患有乳腺癌。

这个研究小组就选择了两个对照组，一个对照组的人是一直在做钼靶检测的，另一个对照组的人是不做钼靶检测，只用传统方式检测乳腺癌的。两组人的数量都在五百左右，研究小组持续做了二十多年，他们分别比较这两个组的两个数据：一个数据是看她们乳腺癌的检出率，另一个数据是看她们因乳腺癌死亡的人数占比。他们做出来的结论是：这两个数据在这两个对照组里都是非常接近的，只有个位数上的差别。也就是说，长期坚持用钼靶检测并不会增加乳腺癌的检出率，也不会减少乳腺癌的死亡率，和你不用钼靶检测几乎是一样的。

但是每做一次钼靶检测，可都是要花相当大一笔钱的，而且这么多年来，钼靶检测已经形成了一个规模相当可观的产业，它有一系列的设备等。

加拿大研究小组的这份报告在医学杂志上发表之后，立刻遭到医学界人士的攻击，说这份报告是不正确的。为什么呢？因为这份报告的结论就是：根本不需要做钼靶检测，这个检测就是一个多余的事情，完全无效，而且要花费很多的金钱。当然，这份结论对于这个产业的利益集团来说是不可接受的。

这样的一个例子，实际上完全可以看成是现代医疗在进行过度检测、过度治疗方面的冰山一角。在这类事情上，科学扮演了什么角色呢？如果没有科学的东西来包装它，钼靶检测这样的东西就很难推广。在这里，科学明显扮演了资本增值的帮凶角色。

对于和科学有关的这类事情,现在很多人仍然采取一种类似于鸵鸟政策的态度,觉得这些事情和我没什么直接关系,我何必操这个心呢?但这种鸵鸟政策,就是没有事到临头我们就先不管它,我们还是继续发展科学好了。可问题是等到那时候也许就来不及了。因为有些事情发展到那一步是不可逆的,当我们发现这个东西不好了,我们才不弄了,行不行?在很多情况下是不行的,因为我们已经回不到从前了。

科学不良后果不可逆的例子:农药

我们举一个和我们日常生活密切相关的例子。这个例子特别能说明问题——科学技术的很多事情是不可逆的,这个例子就是农药。

蕾切尔·卡逊写《寂静的春天》▼的

▼
美国海洋生物学家蕾切尔·卡逊1962年出版了《寂静的春天》(*Silent Spring*),该书于1979年由科学出版社在中国引进并出版。

时候，离农药的大规模使用不过五年的时间，这时候人们已经看到农药有害了。但是农药这件事情到了今天，人类已经彻底失败。

我们最初生产农药，就是为了从虫子那里把收成夺过来。虫子吃掉了我们一部分粮食、水果、蔬菜等，我们不干，要用农药把它们杀死，想让它们一点都不吃我们的收成，结果却是事与愿违。

刚开始的时候，这个药对虫子是有用的，能杀死不少虫子，但很快虫子就进化出了抗药性来，现有的农药就不顶用了。化学公司的办法是，我们再研发新的农药剂型，又能杀虫了。然而没过多久，虫子又进化出新的抗药性，我们又研究新的农药剂型。今天我们和虫子之间就处在这种无穷无尽的拉锯战中，我们一直在研究新的农药剂型，虫子们也一代一代地进化出抗药性。

现在的局面是什么呢？局面是虫子仍然存在，我们并没有把虫子消灭光，对不对？虫子在不断地进化出抗药性和我们不断研发出新剂型的这个无休无止的拉锯战中，仍然获得了动态平衡。它要吃的那部分蔬菜、水果、粮食，它还是吃到了，人类仍然没有把它们全部夺回到自己手里来。

但是，人类付出了什么代价？我们付出的代价，就是卡逊指出的，在我们的空气、水和土壤中，到处都是残留的农药。我们今天喝的水，呼吸的空气，全都是有农药的。我们之所以没有死掉，是因为我们人类的身体也会有抗药性，我们也可以抵御它，并不是说你呼吸一点有农药的空气，喝一点有农药的水就会死掉。

那么在这件事情上，人类失败在哪儿呢？失败就在，如果你当初没有生产农药，现在的局面也不过如此。在地球上，1945—1950年才开始大规模使用农药，在1945年之前没农药的时候，人类也一直享受着应有的收成。

本来，人类和那些虫子之间就是有平衡的，用稍微有点神秘主义的说法就是，那部分蔬菜、水果、粮食本来就是虫子应该吃的，人类让它们吃了不就没事了吗？可是人类企图不让它们吃，结果一直到现在这些虫子还是在吃这部分属于自己的东西，而人类自己却吃了很多农药。所以在这件事情上，人类是完全失败的。

如果你知道使用农药的结局是今天这样的话，那你一开始不要研发农药，不要使用农药，不就没事了吗？

但是现在我们知道农药杀不完虫子，还会损害人类自己的

第十一讲 警惕科学

健康之后,我们能不用吗?我们已经不能不用了。因为现在我们和虫子之间的动态平衡,是建立在有农药的前提下的,现在不用农药的话,虫子就会恶性繁殖起来,这下子人类可能就要没收成了。因此人类现在被迫一直使用农药。

这个故事就告诉我们,当我们发现自己在这里犯了错误以后,局面已经不可逆转;等我们想改正错误的时候,我们已经改不回去了。在转基因作物的问题上,也有类似情形。孟山都公司为什么要控制种子的基因专利呢?因为它们向你出售的种子通常是你无法再繁殖的,你每年都要继续买它的种子。而且你不光要买它的种子,你还要买它的农药、化肥,这一整套都是配套的。就是说你一旦用了它,你就得用孟山都一整套的产品。而且一些研究者发现,凡是大规模种植了转基因作物的地区,同类的作物,非转基因品种的同类作物就会迅速减少,在那个地区,此后那些非转基因作物就不会再生长了,没法再种了。如果你说我现在讨厌转基因大豆,我不想种它了,我重新去种原来的传统品种,你就会发现:原先曾经有丰富的品种供你选择,现在这些品种已经变得非常少,而且在迅速地减少,不久可能就没品种可以选择了。所以,这件事情它也是不可逆转的,有很多事情都是不可逆转的。

有很多事情,当我们明确认识到它是一个错误的时候,就已经来不及了。这就要求我们在很多事情上应该现在就警惕。你既然知道一旦错了就改不回来,那你现在慎重一点不是更好吗?你为什么那么迫不及待,要冒着风险,顶着争议,拼命去做呢?如果你不是在资本的驱动下,你心平气和地想想这个问题,你本来根本用不着那么急着做。

会出现"愚蠢的一代"吗

另外还有一些事情也是不可逆转的,比如说移动互联网对青年的影响。有个美国人鲍尔莱恩(Mark Bauerlein)写了《最愚蠢的一代》▼(*The Dumbest Generation*)。这个书名激怒了很多人,很多人觉得它冒犯了年青一代,因为作者

▼
美国学者马克·鲍尔莱恩(Mark Bauerlein)2009年出版了《最愚蠢的一代》,立即在美国社会中引起轩然大波,"一本书激怒8500万30岁以下的人"。该书于2011年由天津社会科学院出版社引进并出版。

说在互联网中长大的那一代是最愚蠢的一代。

他的观点是什么呢？他说互联网让我们比以往任何时候都更方便地获取知识。这当然是对的。前面我就讲过，作为通信工具的互联网，让你查东西方便，这是没问题的。但他说，在这样一个时代，偏偏会产生出最愚蠢的一代来。这是很荒谬的。照理说，获取知识比前代任何时候都容易，那不是就应该催生出更聪明的一代来吗？怎么反而会催生出最愚蠢的一代？

当然有很多反驳他的人，认为他的说法是荒谬的。因为他说的"愚蠢的一代"涉及对愚蠢的界定。什么叫作愚蠢？整天抱着智能手机就叫愚蠢吗？你们整天抱一本破书看就不愚蠢吗？有的人是这样想的。

我们应该耐心听听这个人的意见。我觉得这个人的有些意见是对的。

他举一个例子说，在以前，在前互联网时代，甚至在有了互联网之后，只是在前移动互联网时代，他觉得那样的一种场景还是存在的。什么场景呢？他说一个家庭，到了晚上的时候，大人和孩子一起吃晚饭，父母会问问孩子学校里的事情，如果孩子有什么困惑，会在这个饭桌上跟爸妈说说，也许父母会给孩子一些有益的建议。另外孩子也会听父母谈论成年人世界的一些事情，谈论这些事情或者听父母对社会上的事件发表他们的看法，他认为这对孩子的成长是有利的。本来每天晚上的晚饭时间，就是这样的一段时间。这听上去确实是挺融洽、挺好的。

可是到了移动互联网时代，他说这个时间就彻底没有了，现在小孩子在吃饭的时候还要在手机上和自己的朋友互动。孩子匆匆忙忙把饭扒完，立刻回到自己的房间里去。他说孩子们的那个房间现在就是一个多媒体影音中心，孩子一进这个房间里，就玩游戏，就吊在网上了，因为孩子要和自己的同龄人吊在一起，他们每时每刻都要和同龄人吊在一起。

鲍尔莱恩认为，社交网站使得年轻人产生了极大的依赖。他们必须让自己每时每刻都和自己的同龄人在一起。为什么要这样呢？他说他们有恐惧，他们担心自己out，担心自己的同龄的伙伴们谈论某件事情时自己不知道。比如说，某一支球队的胜负自己不知道，某一个明星的八卦自己不知道，不知道就要out，就要被同学看不起，所以他必须知道。每个人都要时时刻刻吊在那里，和他们一起互动，自己才能跟上。

鲍尔莱恩认为，年轻人要成长，应该是有三种时间：有和自己的同龄伙伴在一起的时间，有和长辈在一起的时间，还有和谁也不在一起的独处时间。这三种时间在一个人的成长过程中是必不可少的。如果现在和长辈在一起的时间、自己独处的时间几乎都没有了，整天和同龄人在一起，对成长是不利的。

他把这个说法归罪于社交网站，当然是因为他对社交网站深恶痛绝。这个说法倒让我想起前不久我们媒体上报道的一件事情：过年的时候一家人吃饭，爷爷要跟儿孙们讲讲什么话，结果人人都埋头玩着自己的手机，老爷子气得拂袖而去，饭也不愿意吃了。实际上这种现象在我们日常生活中确实非常多，是很常见的。

移动互联网上这种虚假的、完全没有必要的频繁社交对下一代会产生什么影响？这确实是一个值得思考的问题。如果这种频繁社交对下一代有不好的影响，你能扭转吗？你能让下一代重新来过吗？显然也不能。像这类问题也同样是不可逆转的。这和农药长期进入土壤、空气和水的结果是一样的，等到你发现它有问题的时候，很可能已经来不及了。

被劫持的困境

但现在我们最大的困境是，我们明知道科学技术发展得太快，是有危险的，我们却停不下来。如果说我们的社会最初纵容了科学技术去和资本结合，我们一开始也从这种结合中得到了大量的红利，那么现在是我们为这种结合付出代价的时候了，因为现在科学的发展已经日益呈现出失控状态。为什么失控？就是因为它和资本结合在一道，它就不听你的话了，现在资本才是它的主人，你不是它的主人。

告别了纯真年代的科学，它的主人不再是我们，它不是为我们服务的，它是为资本服务的。资本的逻辑就是要增值，所以科学技术是停不下来的。

而且，科学的过度发展，从国家这个层面来说也是无可奈何的。就像一列列车上谁也不能下车，科学技术还不够发达的国家说我们要赶上去，所以我们不能停下来；最发达的美国说我们也不能让别人赶上来，所以我们也不能停下来。

其实几十年前，欧洲的、美国的哲学家已经在讲这件事情了，但是讲了也没用，即便美国总统同意他的意见，也是没有用的。总统也没办法让科学技术发展的列车停下来。现在科学技术的列车是什么状况呢？这是一列越开越快的列车。我们前面讲过，科学技术的发展是有加速度的，我们还老是歌颂这种加速度，所以这列车越来越快。

现代科学技术这列列车有加速度，但是这列列车却是没有刹车的,非但停不下来,慢也慢不下来。

而且,这列列车还是没有方向的,科学技术的发展是没有目标的。如果说,我们人类做任何事情都有目标的话,那么唯独在发展科学技术这件事情上面没有目标。你去问科学家,你的目标是什么呢?你发展科学,到底想发展到什么程度呢?科学家是无法回答你的。没有目标,他只知道要不断发展,到底要发展到什么地步,他不知道,因为他是要无限发展的,无限发展当然是没有目标的。

所以科学这列列车越开越快,但是没有方向,没有目标,你不知道它会开往何处,你也不能下车,你甚至不知道是谁在驾驶着列车。如果在生活中你置身于这样的列车中的话,你只能说你是被劫持了,你被劫持在这列列车上了。

现在我们就已经被劫持在这列列车上了。全世界都被劫持在科学这列列车上。这列列车我们可以叫它"欲望号快车",它就是借助着人的物质欲望,风驰电掣。对于这一点,目前我们是无可奈何的。

如果我们担心这列"欲望号快车"会有翻覆的一天,那我们现在当然就应该对这列列车有所警惕。我们不应该再盲目地、一味地崇拜科学。我们在用科学技术帮助我们追求幸福的同时,也要对它有一点戒心,要对它要有正确的认识。

这本书总的宗旨,就是希望我们改变以往对科学技术的一味崇拜和热爱,换一种眼光来看科学。让我们更为客观、更为深入地认识科学,认识到科学中有许多我们以前没有注意到的方面,这样对于我们今后更好地和科学打交道,更好地让科学为我们的幸福服务,是有利的。